**Gebrauchsanweisung
für das Ruhrgebiet**

Peter Erik Hillenbach

Gebrauchsanweisung für das Ruhrgebiet

Piper München Zürich

Mehr über unsere Autoren und Bücher:
www.piper.de

MIX
Papier aus verantwor-
tungsvollen Quellen
FSC® C083411

ISBN 978-3-492-27590-3
Überarbeitete und erweiterte Neuausgabe 2009
2. Auflage 2011
© Piper Verlag GmbH, München 2005
Karte: cartomedia, Karlsruhe
Satz: le-tex publishing services GmbH, Leipzig
Druck und Bindung: CPI – Clausen & Bosse, Leck
Printed in Germany

Für Pia

Glück auf an: Andy, Zappo, Bochynek, Sammy, Helge, Schütte, Jamiri, Ramin, Kobler, -kopf, Goosen, Laurin, Benno, Odermann, Napi, Wilms & Wente.

Und Glück auf an Dietmar Clausing, Tom Mega, Pete Barany, Tana Schanzara, Dietrich Eggert und Hunter irgendwo im Himmel über der Ruhr.

And sanity is a full-time job
In a world that is always changing

(»SANITY«, BAD RELIGION)

Inhalt

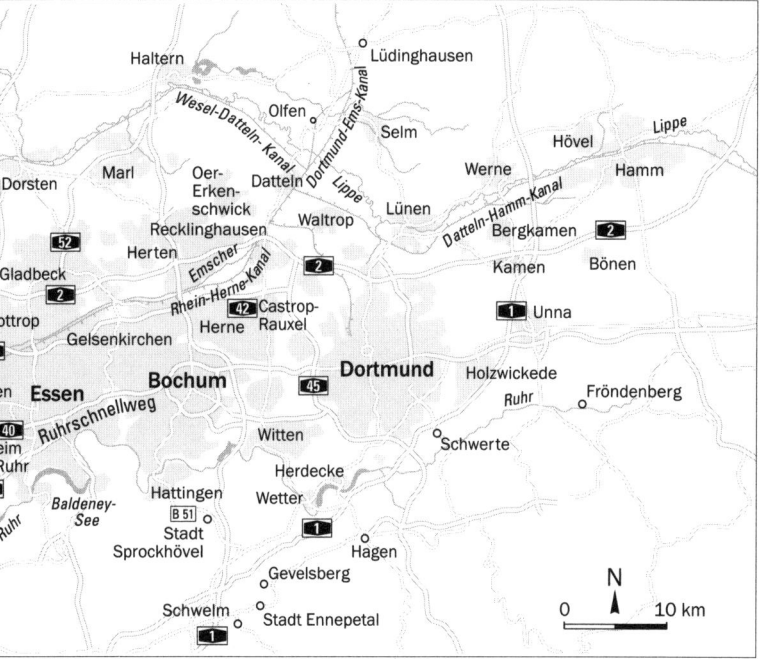

Ein 219 Kilometer langes Vorwort (denn so lang ist die Ruhr)

Tach. Da bin ich wieder. Fast fünf Jahre ist es her, dass ich die erste *Gebrauchsanweisung für das Ruhrgebiet* schrieb. Vielen Dank für die bundesweite Aufmerksamkeit und die guten Besprechungen in den großen Wochenblättern und überregionalen Magazinen, erst recht aber vielen Dank für die netten einheimischen Kommentare, Ergänzungen und Einladungen zu Lesungen umme Ecke! In fünf Jahren, sollte man meinen, passiert eigentlich gar nicht so viel. Das mag für die meisten Großstädte richtig sein. In Köln stürzt vielleicht mal das Stadtarchiv ein, in Hamburg wird über Nacht die HafenCity aus dem Boden gestampft, aber dass sich in Münchenberlinstuttgart groß etwas getan hätte, kann man nicht gerade behaupten.

Aber hier bei uns! Und wie. Kein Stein steht mehr auf dem anderen, hat man manchmal das Gefühl. Der Rhythmus, die Schlagzahl unseres Alltags scheinen sich zu verändern, schneller zu werden. Da wächst etwas, das gigantisch sein wird. Ich stehe manchmal mit offenem Mund da und denke, das kann doch alles nicht sein. Meine Heimat erfindet sich gerade neu, unsere Welt wird erneut von Menschenhand komplett umgestaltet, nun schon zum dritten Mal in 150 Jahren. Ich bin völlig fasziniert, finde aber nur schwer einen Weg, dieses Gefühl in ein noch so offenes Raster zu pressen. Hier explodiert gerade alles. Wow!

Wir sind Kulturhauptstadt! Wir sind U-Turm! Wir sind Zollverein! Wir sind aber auch Opel, wir sind Karstadt, wir sind arbeitslos. Wie viel positive und negative Energie unsere 4435-Quadratkilometer-Insel im Herzen Westeuropas, größer als Mallorca und Menorca zusammen, gerade durchpulst, das müsste man glatt aus dem Weltraum leuchten sehen können. Kann man sogar, es gibt Beweisfotos. Am 11. April 2006 jedenfalls entschied sich eine EU-Expertenjury für Essen und das Ruhrgebiet als Europäische Kulturhauptstadt 2010, wobei übrigens das Wort »Experte« im Ruhrgebietsdeutsch das genaue Gegenteil von »Fachmann« bedeutet: »Du bist mir vielleicht 'n Experte!« Seitdem drehen hier alle durch. Zieht man mal die üblichen Kloppereien um Geld, Macht und Einfluss ab, klammert man für einen Augenblick alle allzu abgedrehten Spinner und notorischen Bedenkenträger aus und vergisst knapp die Hälfte von allem, was je versprochen und geplant wurde – dann bleiben unterm Strich immer noch ein halbes Dutzend veritabler Großprojekte, von denen man die meisten eh dringend hätte in Angriff nehmen müssen, einige wunderschöne poetische Ideen wie die großen gelben Ballons, die als »Schachtzeichen« über unseren ehemaligen Grubeneinfahrten schweben werden, und zwei, drei Weichenstellungen, die das Leben im Ruhrgebiet in den nächsten Jahren entscheidend verändern.

Bei den Menschen, die ihre Pulle Export und ihre Packung Zaretten »anne Bude« kaufen, bei den Fans auf der Südtribüne, beim Oppa im Schrebergarten ist die Kulturhauptstadt kurz vor ihrem Start noch gar nicht richtig angekommen. Was das alles soll, was das wieder kostet, und wem das am Ende nützt?! Und doch bedingt das Motto der Kulturhauptstadt »Wandel durch Kultur – Kultur durch Wan del« ein Umdenken und Sich-neu-Erfinden, womöglich wird daraus sogar eine Blaupause für andere alte Industrieregionen, die den Strukturwandel noch vor sich haben. Kunst, Kultur und Kreativwirtschaft lösen die industrielle Produktion ab, ausgerechnet im Ruhrgebiet, darauf muss man erst mal kommen. Heißt das, jeder Mensch kann Künstler? Und mit seiner Kreativität Geld verdienen? Demnächst also toll: Arbeitslose Opelaner informieren ihre Follower via Twitter über ihre Fortschritte als Fashiondesigner; die »Bread & Butter« findet ab sofort auf dem Bochumer Nokia-Gelände statt; Karstadt-Verkäuferinnen provozieren das einheimische Hörder Publikum mit Cyber-Installationen am Ufer des just gefluteten Dortmunder Phoenixsees; während ihrer Standzeiten am Hauptbahnhof entwerfen Taxifahrer immer neue Smartphone-Applikationen für ortsunkundige Städtetouristen; in verlassenen Stollen und Schächten züchtet derweil Prof. Dietrich Grönemeyer merkwürdige Heilpilze für gewinnbringende biomedizinische Anwendungen im »Medical Valley« an der Ruhr. Und Kreativdirektor Dieter Gorny zupft dazu versonnen den E-Bass.

Sie lachen? Warum? Bei uns im Ruhrgebiet ist alles möglich. Oder haben Sie auch gelacht, als die *Süddeutsche Zeitung* bereits im Oktober 2007 in einem zwölfseitigen Special zur Kulturhauptstadt erkannte: »Die Sonne ist längst nicht mehr verstaubt«? Es ging wie immer um Kohle, Stahl, Currywurst, Ruhrdeutsch und Brieftauben, aber auch um neue Landmarken und Leuchttürme. Ein Jahr später erschien der *stern* mit der Titelschlagzeile »Weltstadt Ruhrgebiet« und staunte in einer Zwanzigseiten-Strecke über den »iPOTT«, eine Wortschöpfung, auf die ich heute noch neidisch bin. Im selben Monat acht Seiten *Süddeutsche* unter der Headline »Hoffen auf die Strahlkraft«, im Januar 2009 dann ein düsteres *ZEIT*-Dossier über Bochum »Auf der Kippe«, gefolgt von sechs aufmunternden Seiten *WELT* im März ebenfalls über Bochum: »Neue Chancen der Stadt«. Nokia kaputt, Opel kaputt, aber von Chancen reden! Aber sie haben recht, genau das macht uns hier aus.

Das Getöse um die Kulturhauptstadt, die Diskussionen um die Kreativwirtschaft und die steigende Fremdwahrnehmung durch bundesweite Qualitätsmedien beeinflusst unsere Eigenwahrnehmung. Wir beschäftigen uns mit uns selbst, horchen in uns hinein, dröseln das Missverhältnis unserer Minderwertigkeitskomplexe und unseres Lokalstolzes auf. Dinge geraten ins Rutschen. »War schon immer so« und »Ham wa noch nie so gemacht« werden immer unglaubwürdiger. Zöpfe werden abgeschnitten. Neuerdings streiten die Jusos für ein neues Discoviertel in Dortmund, der Gelsenkirchener SPD-Oberbürgermeister fordert einen gemeinsamen Ruhr-OB, und selbst das Undenkbare wird denkbar: ein funktionierender Nahverkehr…

Verstreute Dörfer üben Metropole. Seien Sie live dabei, das müssen Sie erleben! Überall Aufbruch, überall Zukunft: gestern Stahlwerk, heute Baustelle, morgen Marina – der Phoenixsee auf einem alten Dortmunder Hoesch-Gelände. Gestern ein aufgegebener Duisburger Stadtteil, ein Migrantengetto, heute eine Prachtmoschee und das »Wunder von Marxloh«. Gestern Borussia Doofmund, heute Kloppomania. Gestern Schalker Kreisel, morgen Meister mit Magath. Gestern das Aus für *Marabo*, das älteste Stadtmagazin, und *Galore*, das spannende Interviewmagazin, heute unabhängiger Journalismus auf *Ruhrbarone.de*. Der Wandel erreicht sogar den eigenen Körper: Letzten Dienstag gab's noch schwer verdaulichen Eintopf für Malocher, volle Teller mit Fleisch, Kartoffeln und Soße – heute entwickelt der Köcheclub FC Ruhrgebiet die Neue Ruhrgebietsküche und bastelt am Pfefferpotthast 2.0.

Die Currywurst lebt trotzdem weiter. Helge Schneider stirbt nicht, der Bolzplatz stirbt nicht, der Ruhrgebietshumor stirbt nicht. Das Ruhrgebiet wird weiter hilfsbereit und gastfreundlich sein, am Horizont sieht man immer irgendwas wie Kühlturm, Stahlwerk oder Schlot, und wie herrlich ist ein frisch Gezapftes! Ich freue mich, wenn Sie mich durchs Ruhrgebiet begleiten wollen – herzlich willkommen!

Aber vielleicht erzählen Sie erst mal etwas von sich. Sind Sie von hier? Ach was. Dann kennen Sie sich ja hier aus. Gehen Pommes-Rotweiß essen, stellen Ihren Liegestuhl am Rhein-Herne-Kanal auf und schleppen jährlich Ihren Eimer Fettkohle zu den Ruhrfestspielen, wie damals, nach dem Krieg, als Hamburger Schauspieler in Recklinghausen Theater für die ausgebombten Ruhrgebietler gemacht haben und mit Kohle bezahlt wurden, mit der das kalte Theater geheizt werden konnte. Oder Sie fahren mit der Straßenbahn durch Vororte mit hohen Mietshäusern, kaufen Ihre Tomaten beim Türken und schwenken in Süd- und Ostkurven schwarzgelbe und blau-weiße Fahnen. Bestimmt haben Sie mindestens einmal mit Rusty im »Starlight Express« mitgefiebert, und Sie wissen, dass eine Menge Leute von außerhalb kommen, um sich Ihre ollen Zechen anzusehen. Soll'nse doch! Und wenn Sie Ihren Kindern am Wochenende den Familienopel leihen, ist am nächsten Morgen der Tank leer. Denn die Blagen fahren die ganze Nacht zwischen Dortmund und Duisburg hin und her, um in Fabrikhallen zu tanzen.

Oder kommen Sie etwa gar nicht aus dem Ruhrgebiet? Dann haben Sie aber doch sicher trotzdem längst eine genaue Vorstellung davon, wie's hier zugeht. Sie wissen, dass seit der Kohlezeit den Ureinwohnern zwischen Rhein und A 1 Grubenlampen auf der Stirn wachsen und verrußte Wäsche tot von der Leine fällt. Sie sind sicher, dass der hiesige Menschenschlag Brieftauben züchtet und in seinem maulfaulen Dialekt sämtliche Wortendungen verschluckt. Er ist natürlich mehrheitlich arbeitslos, probt aber nach Jahrzehnten in selbst gebuddelten Stollen nunmehr den aufrechten Gang: eröffnet Universitäten, Shopping Malls und Technologiezentren, wird ab und zu Fußballmeister und nimmt zwanzig Meter von jeder Klümpchenbude entfernt reihenweise Comedy-CDs auf. Die Frauen im Ruhrgebiet werden von ihren Männern »Mutti« genannt, tragen saure Dauerkrause und lesen die Fachzeitschrift *Für Ihr.* Und Sie wissen auch: Seit die Ruhrgebietler entdeckt haben, dass sich der Tanz um den gepressten Schachtelhalm wirtschaftlich lohnt, dem die pittoreske Industrielandschaft ihr schwarzes Gold verdankt, geben sie sich plötzlich irgendwie kulturell wertvoll. So richtig mit Weltkulturerbe und RuhrTriennale.

Es macht großen Spaß, im Ruhrgebiet zu leben. Wenn Sie auf dem Markt am Fischstand stehen und auf den Seeteufel zeigen, sagt der Oppa neben Ihnen garantiert: »Kärl, wenn ich schon den Wirsing von dem Fisch seh!« Manche Viecher haben aber auch monstermäßige Köpfe. Die schlitzohrige Bodenständigkeit, der selbstironische, lakonische Pommesbudenhumor: Davon kann ich nicht genug bekommen. Aber bitte, wir sind ja nicht im Zoo. Glauben Sie bloß nicht, dass wir hier alle so sprechen. Immerhin, in der Arbeitersiedlung im Wanne-Eickeler Dannekamp können Sie heute noch Sätze hören wie: »Wennze am malochen biss, musse auch oantlich achilen. Und pass auf, datdat Blaach nich teilacken geht!« Das ist doch herrlich! Diese endlose Ruhrpottsprache: »Sachich für Meine, hömma sachich, watt meinze denn jezz?« So etwas hören Sie nur, wenn Sie zum Beispiel in Recklinghausen auf die Trabrennbahn gehen, wo in der VIP-Lounge grellgrüne Plastikschalensitze installiert sind. Oder auf der Liegewiese in einem unserer alten Freibäder, im Herner Sommerbad etwa. Oder wenn Sie am Stehtisch bei Tchibo ihren Kaffee nehmen oder mit dem Bus durch die Gegend jückeln. Dann erleben Sie die Kraft der Vororte.

Wir Ruhrgebietler sind ja gestandene Lokalpatrioten, sogar auf mehreren Ebenen gleichzeitig. Ich habe den Eindruck, dass etliche von uns eine Ebene überspringen in ihrem Zugehörigkeitsgefühl: In erster Linie identifizieren wir uns nämlich mit unseren Dörfern. Wahrscheinlich liegen starke Wasseradern oder Magnetfelder unter Wambel und Borbeck, unter Erle und Homberg. Da kommen wir nicht von los. Aber statt dann in der nächsten Ebene stolze Essener oder Mülheimer zu sein, überspringen viele diesen Status und fühlen sich als Gesamt-Ruhrgebietler. Das ist fast so wie auf europäischer Ebene, wo Politiker immer fordern, wir müssen ein Europa der Regionen schaffen, aber den Nationalstaat überwinden und gemeinsam auf die EU blicken. So etwas machen wir hier mit links.

Das Bild, das ich Ihnen vom Ruhrgebiet zeichne, ist ein sehr subjektives. Es ist ein Bild, in dem Gustav und Alfried Krupp, Berthold Beitz und Fritz Thyssen nicht vorkommen. Sagen wir, es ist die Perspektive eines Berufsjugendlichen mit journalistischem Background, der in Langendreer und auf dem

Riemker Tippelsberg aufwuchs und in seiner Schulzeit neun Jahre lang von Herne aus durch U-Bahn-
Baustellen zur Goethe-Schule nach Bochum fuhr.
Der der Erste in einer Familie kleiner Angestellter
war, der studieren durfte. Der das dann 33 Semes-
ter lang ganz gerne gemacht hat, ohne Abschluss
natürlich. Und seinem Amerikanistikprofessor David
Galloway noch immer von Herzen dankbar ist. Der
seine Semesterferien im Wittener Edelstahlwerk verbrachte und nebenbei fünf Jahre Taxi in Herne fuhr.
Für den es spannender war, schlecht-, unter- oder
gar nicht bezahlter Musikredakteur des dienstältesten Stadtmagazins im Ruhrgebiet zu sein, als endlich
etwas Anständiges zu arbeiten. Der in der führenden
Rockdisse des Ruhrgebiets, im Bochumer Logo,
arbeitete, Bücher über Jugendmarketing schrieb und
sich mit einer Medienagentur selbstständig machte.
Der heute Restaurantführer für Essen und Dortmund verantwortet, mal wieder an seinem VfL verzweifelt und längst einen Roman hätte schreiben
sollen. Der ein bisschen zu viel trinkt. Aber das tun
ja alle im Ruhrgebiet. Und der Ihnen nun endlich
etwas über seine wunderbare Heimat erzählen will.
Viel Vergnügen dabei.

Elf Freunde (1): »Wo, bitte, geht's zum Eierberch?«

Mein Ruhrgebiet früher: Aufgewachsen bin ich an einer viel befahrenen Hauptverkehrsstraße, der Alleestraße. Gleich neben unserem Haus war der Kundenparkplatz des Kaufhauses Wertheim, obwohl das noch mal ein paar Hundert Meter entfernt war. Ging man über den Parkplatz bis ganz nach hinten durch, kam man in eine Gegend, die »Gurke« genannt wurde oder auch »Eierberg«. Andere sagen »Rotlichtbezirk« oder auch »Puff«.

Rätselhafterweise wurde ich schon im zarten Alter von acht Jahren aus am Straßenrand entlangrollenden Autos gefragt: »Ey, kannze mir sagen, wie ich au'm Eierberch komm?« Habe ich schon damals diese animalische Erotik ausgestrahlt, die ich mir selbst heute nachsage?

Mein Ruhrgebiet heute: Obwohl ich finde, dass gerade »das viele Grün« im Ruhrgebiet krass überschätzt wird, stehe ich doch gern mit meinen Sühnen am Ruderteich des Stadtparks, werfe mit schimmeligem Brot nach ausgehungerten Enten und sage: »Guck mal, wie schön die Laternen durch die nackten Zweige leuchten«, während der Ältere einfach nur stolz ist, wenn er wieder ein Tier mit einem harten, trockenen Kanten am Kopf getroffen hat. Das ist schön.

Was nicht schön ist: Kaum habe ich mir eine Dauerkarte zugelegt, spielt der VfL Bochum wieder so wie in der Zeit, als meine Eltern sich Sorgen wegen meiner sexuellen Orientierung machten, weil ich für Ata Lameck und Jupp Tenhagen schwärmte. Aber das ist bestimmt schon überholt, wenn dieses Buch erscheint.

Frank Goosen, 42, Erfolgsautor (Liegen lernen) *und Kabarett-Betreiber, Bochum*

Warum es uns so schwer fällt, Städter zu sein

»Supi«, jubelt die Endverbraucherin, »jetzt müssen hier nur noch Aldi und Lidl aufmachen, dann sind wir eine richtige Stadt!« So geschehen und von den *Ruhr Nachrichten* kolportiert im August 2004. Anlass der konsumbesoffenen Freude ist die Eröffnung einer Saturn-Filiale in Dortmund-Eving. Die Vorhut der Geizgeilen hat sich tatsächlich schon morgens um halb sechs vor den Türen des Unterhaltungsschrotthändlers angekettet, um sich nur ja nicht das annoncierte Elektroschnäppchen mit integrierter 2D-HCL-360°-Schnittstelle und aufblasbarem Plasma-Turbo entgehen zu lassen. Braucht zwar niemand, haben aber alle. Der ganze Spuk wird von den *Ruhr Nachrichten* (*RN*) redaktionell begleitet; leider kommt kein Redakteur auf die Idee, die anwesende, mutmaßlich überwiegend arbeitslose Sozialhilfeempfängerschar als fehlernährtes Mutantenpack zu beschimpfen, seinen Job zu kündigen und als Gauleiter bei attac anzufangen.

Wenn der Ruhrgebietler den Begriff »Stadt« gerade nicht mit der Anhäufung preisaggressiver Discounter mit nutzlosem Sortiment verwechselt, hängt er gern Vorstellungen nach, die schon in der Wiederaufbauzeit unmodern waren. Zum umstrittenen, aber nie verwirklichten Bahnhofsprojekt »3do«, das einen futuristischen, mit einem Einkaufszentrum überdachten neuen Dortmunder Hauptbahnhof vorsah (Bauzeit 2005–2008 haha; Mitte 2009 begann man dann widerwillig mit ein paar Containerschiebereien), schrieb ein Leser Anfang Juni 2004 den *RN*: »Wir brauchen keine Kulisse für Besucher aus Düsseldorf oder Berlin – ordentliche Toiletten, sauber und preiswert, eine Bratwurst und eine Zeitung: Das reicht doch völlig.«

Nein, das reicht eben nicht. Aber was ist hier schiefgelaufen? Nun, die vergangenen 170 Jahre waren einfach zu kurz. Sorry. Sehen Sie, der Römer oder Athener stolziert mit dem Bewusstsein einer über 2000-jährigen Stadthistorie durch seine Polis.

Was bedeuten da 170 Jahre? Selbst das vergleichsweise junge Berlin spielt seine Rolle seit dem späten 15., verstärkt seit dem späten 17. Jahrhundert – Zeit genug, sich in Sachen Weltläufigkeit zu üben. (Betonung liegt in Berlin natürlich auf »üben«.) Drehen wir aber die Ruhrpottzeit zurück auf 1840, landen wir in einer fast pastoralen Idylle. Lieblich schlängeln sich Ruhr und Emscher durch eine flache Auenlandschaft, Schäfer weiden ihre Herden, Flusskrebse sind das verbreitete Alltagsgericht. Machen wir uns nichts vor, es sind Kleinbauern, die hier leben, Handwerker, kleine Händler. Nicht die große weite Welt, beileibe nicht. Obwohl: Städte gibt es hier durchaus. Viele Städte, alte Städte. Recklinghausen etwa war um 800 ein karolingischer Königshof. Bochum, Herne, Dortmund, Duisburg wurden um 880 bis 890 erstmals erwähnt, meist in Dokumenten des Klosters Werden, das um 800 gegründet wurde. Duisburgs »Alter Markt« war schon im fünften Jahrhundert Handelszentrum. Karl der Große eroberte 775 erst die Syburg an der heutigen Stadtgrenze Dortmund-Hagen, dann ließ er den Hellweg bauen, die wichtige West-Ost-Achse und (Salz-)Handelsstraße. Dortmund erhielt 990 das Marktrecht, war 1220 Freie Reichs-, später auch Hansestadt. Essen: um 850 Gründung des Stifts Essen für Höhere Töchter, 1041 Marktrecht, 1244 Stadtrecht. Recklinghausen: Stadtrecht 1236, Bochum 1321. Und so weiter. Eine bunte, dezentral angelegte, spätmittelalterlich geprägte, kleinstädtische Landschaft, die sich vom Niederrhein bis zur Soester Börde und vom Vest bis ins Bergische Land erstreckt.

Die schwarzen Steine glühen noch am nächsten Tag

Auftritt Jörgen. Ein Hirtenbub. Der treibt um 1700 seine Schweine durch die Eicheln, irgendwo im Ruhrtal, auf heutigem Wittener Gebiet. »Mutt, Mutt«, ruft er die Sauen, und weil ihm kalt ist, entfacht er das legendäre Feuer im Muttental, von dem wir Kinder im Heimatkundeunterricht der Sechziger gelernt haben. Damals in der Grundschule an der Hiltroper Straße in Bochum-Riemke, bei strenger Trennung zwischen Evangelischen und Katholiken, und wehe, einer verirrte sich auf den fremden Schulhof.

Jörgen also begrenzt sein Feuer mit schwarzen Steinen und legt sich schlafen, und als die Brocken am nächsten Morgen immer noch glühen und Wärme abgeben, holt er seinen Vater … In den nächsten Jahrzehnten graben die Menschen nun nach der Kohle. In Witten und Sprockhövel kommen die Flöze an die Oberfläche, man muss nicht tief buddeln; später treibt man waagrechte Stollen in die Hänge. Mit Pferdefuhrwerken wird die Kohle über holprige Waldwege zu den Schmieden ins Bergische gefahren; das schwarze Gold brennt viel heißer als die bisher verwendete Holzkohle.

Es wäre aber doch übertrieben, das alles bereits Bergbau zu nennen. Erst als Fachleute aus dem Erzbergbau den Stollenbau leiten, als die Ruhr schiffbar für Schlepper gemacht ist, als die Dampfmaschine das Bohren in die Tiefe ermöglicht, wo die qualitativ bessere Kohle liegt, und die Eisenbahn den schnellen Transport auf kurzen Wegen zu den Eisenschmelzen garantiert, erst da ist die kritische Masse der Industrialisierung erreicht.

Gerade zehn Jahre hat es gedauert, bis sich alles verändert hat. Buchstäblich alles. Innerhalb nicht einmal einer halben Generation ist die Welt explodiert. Nichts ist mehr, wie es vorher war. Wo sich Felder und Wälder erstreckten, stehen nun Hüttenwerke, Zechen, Fabriken. Schlote qualmen, es stinkt, es ist laut. Die Eisenbahnstrecke Köln–Minden erschließt das Gebiet ab Herbst 1847. Dass es heute etwa die Stadt Oberhausen gibt, ist dem Entrepreneur Franz

Haniel zu verdanken, der den Schienenanschluss für seine Gutehoffnungshütte braucht. Um die Zugstation aus Fachwerk entsteht eine kleine Siedlung, das spätere Oberhausen. Die Einwohnerzahlen vervielfachen sich in kürzester Zeit, die Industrie hat Hunger und braucht viele Hände. Oberhausen verachtfacht seine Einwohnerzahl von etwa 5000 Menschen im Jahre 1860 auf über 40 000 zur Jahrhundertwende. 1910 ist sie noch einmal um das Doppelte gewachsen. Essen verhundertfacht seine Einwohnerzahl zwischen 1822 (4842) und 1925 (470 524). Die alte Hansestadt Dortmund, um 1300 schon einmal mit bis zu 15 000 Bewohnern neben Köln und Soest eine der größten Städte der Region, wächst zwischen den 1830ern und 1870 um das Siebenfache. Die dringend benötigten Arbeitskräfte werden in ganz Europa angeworben. Sie kommen aus Holland, Österreich und Russland. Sie werden von Werbern mit Plakaten aus Ostpreußen und Masuren gelockt. Mit dem Versprechen auf saubere Luft, ein Häuschen mit Keller, Ziegenstall und Gärtchen, Kanalisation und elektrisch beleuchtete Straßen. Hunderttausende kommen.

Was macht das mit den Menschen? Die heimischen Westfalen kennen ihre Welt nicht mehr. Der kleine Prumenkötter aus dem Ruhrtal, der sich und die Seinen in all den Jahrzehnten zuvor mit ein paar Stück Vieh, ein bisschen Kohlengräberei und Flussschifffahrt, mit gedörrten Birnen und Pflaumen (Prumen) aus dem Garten über den Winter gebracht hat, muss jetzt zum Schichtdienst. Entwurzelt! Neben ihm die fremden »Pollacken« mit ihren schwierigen Namen auf -czyk und -ski. Die haben aber ihrerseits auch ihre bäuerliche Heimat verloren, haben alles Vertraute hinter sich gelassen, reagieren mit Fassungslosigkeit auf die Zumutungen der neuen, ungesunden, gefährlichen Arbeit. Da heißt es zusammenrücken. Und das gemeinsam Erlebte, die schwere Arbeit, das Gefühl des kollektiven Verlustes, schweißt die vielen sich fremden Menschen zusammen. Das wirkt nach bis heute.

Ich muss noch schnell nach der Ziege sehen

Man muss sich das mal vorstellen: Das ist erst fünf Generationen her. Wer heute ein rüstiger Mittvierziger ist, dessen Großeltern sind um 1910 geboren. Die konnten dem kleinen Enkel ihrerseits noch von ihren Großeltern, vielleicht sogar von der eigenen Uroma erzählen. So nah liegt diese Zeit zurück. Zu nah, um in dieser kurzen Entwicklung »Städter« zu

werden. Kratz also eine dünne Schicht vom Anzugträger auf der Kettwiger Straße ab und du findest
einen Dörfler, der noch schnell nach seiner Ziege
sehen will, und nicht den Metropolenbewohner,
der zum nächsten Tässchen Cappuccino eilt. Das
ist keineswegs despektierlich gemeint. Im Gegenteil,
unsere mütterliche Herzlichkeit, die übrigens auch
gestandene Männer vermitteln, bittet den Fremden
und Hilflosen schnell an den Mittagstisch, weist ihm
den Weg, behebt den Motorschaden hilfsbereit an
Ort und Stelle, geizt nicht mit Ratschlag.

Der erste Eindruck mag vielleicht gelegentlich
ruppig, misstrauisch, ablehnend sein. Es fehlt halt
immer noch das Selbstbewusstsein, das andere deutsche Stämme im Laufe ihrer Geschichte entwickelt
haben. Dafür haben wir die letzten 150 Jahre genutzt, uns eine neue Heimat zu erfinden. In den
Jahren nach der Industrialisierung und in den Jahren
nach den zerstörerischen Kriegen, immer war es das
Ruhrgebiet, das als Entwicklungsmotor des ganzen
Landes gebraucht wurde. Und die Menschen hier?
Haben die gewaltige, übermenschliche Schwerindustriekulisse als Landschaft verstanden und sich in
ihr eingerichtet. Wie der Friese seinen Leuchtturm,
wie der Bayer seine Gipfelsilhouette, so haben wir
uns bis in die 1960er-Jahre hinein den Anblick un-

serer Kühltürme und Gasometer zum Wohnzimmer gemacht. Und uns in ihrem Schatten unsere kleinbürgerlichen Paradiese geschaffen. Mehr als das kleine Arbeiterglück ging ja nicht; schließlich hatte uns Kaiser Wilhelm keine weiterführenden Schulen erlaubt – wir sollten hier lieber Kanonen gießen.

Nach der Schicht und am freien Sonntag taten wir also das, was der Ruhrgebietler angeblich heute noch tut. Wir züchteten Brieftauben und nannten sie Kröpper. Wir hatten einen Schrebergarten, in dem Bohnen, Porree und Kartoffeln wuchsen. Einen kleinen Flecken Rasen unter dem krummen Apfelbaum für den Liegestuhl mit dem gestreiften Stoff gab es auch. Im Garten hinter dem Zechenhaus meiner Großeltern. Oder die Picknickdecke wurde am Rhein-Herne-Kanal ausgebreitet, und die Kinder sprangen von den Brücken ins Wasser und ließen sich von den Schleppern mitziehen. Wir spielten Fußball auf dem Aschenplatz und nannten unsere Besten »Knappen«. Wenn wir von der Maloche kamen, aus dem Stahlwerk oder vom Pütt, spülten wir uns in der Eckkneipe den Staub mit Dortmunder Arbeiter-Bier runter. Kein Abend ohne DAB. Als Bochumer Junge wusste ich genau zwei deutsche Gedichte schon vor der Schulzeit auswendig: »Schon das Kindlein in der Wiege / Kennt das Bier

von Moritz Fiege«. Und: »Mach es dir zur Lebens-
regel / Jeden Abend drei, vier Schlegel.« Und am
Samstag wurde das Auto gewaschen. Von der ganzen Familie. Bis die Karre glänzte.

Heimat war, wenn man in den Sechzigern aus
dem Italienurlaub heimkehrte, und dort, wo es
nach faulen Eiern stank, war man zu Hause. Heimat war, Klümpchen an der Bude zu kaufen und
mit verschwitzten Fingern seinen Tacken oder Fuchs
(10 oder 50 Pfennig) durch das Schiebefenster zu
reichen. Heimat war, erzählt meine Mutter, der
Schichtwechsel auf der Zeche, wenn rußgeschwärzte
Kumpel mit blau karierten Handtüchern um halb
drei die Straße entlanggingen. Heimat war viel Staub
auf der Fensterbank, die Wäsche voller Ruß. Leise
sein im Zechenhaus der Großeltern, wenn Herr
Sebold von unten Nachtschicht hatte. Heimat war
der winterliche Wasserdampfatem aus den Kühltürmen von Robert Müser in Harpen. Sah aus wie eine
Mordsportion Sahne auf dem Eishörnchen eines
Riesen. Der verschiedenfarbene Rauch aus den
Schornsteinen, das verbotene Balancieren auf den
Abwärmepipelines. Der Blick vom Bochumer Tippelsberg auf den Bochumer Verein, auf Herne, auf
die Stichflammen, wenn abgefackelt wurde. Oder
die erste Currywurst aus dem Imbiss, mit der Schere

geschnitten. Die Fronleichnamsprozessionen durch Gerthe, die Ladentreppen am Gerther Markt blumengeschmückt. Mit der Straßenbahn raus in die Haardt, durch Recklinghausen bis Sinsen. Oder an die Ruhr. Die ersten italienischen Eisdielen waren Heimat. Kleine Gemüseläden, kleine Metzgereien und Bäckereien. Dass man zur Bäckerin »Tante« sagte; dass man die alten Läden noch Jahre nach einem Besitzerwechsel beim vertrauten früheren Namen nannte. Die polnischen und schlesischen Nachbarn waren Heimat. Dass die das Leben anders wahrnahmen als die eingeborenen Ruhrgebietler. Als eine Nachbarin in den frühen Sechzigern eine Fehlgeburt erlitt, wir wohnten in Langendreer, ich war vier Jahre alt und weiß es bis heute, war der lakonische Kommentar der Polin aus dem Erdgeschoss: »Noh, Scheijß drauf, jiebt Neies!«

Und irgendwann, als sich alle miteinander eingerichtet hatten; als man sich auch an Giovanni und Luis, an Salvatore, Demis und Ali gewöhnt hatte; als Joana, Pilar und Ayse ihren Männern folgten; als vereinzelt türkische Namen in den Mitgliederlisten der Schrebergärten auftauchten oder sich als Taubenzüchter versuchten … brach auch diese Welt wieder zusammen wie schon ein gutes Jahrhundert zuvor. Denn da starben die Zechen, die Kohle war abgebaut, was noch da unten lag, lag zu tief, zu teuer. Und auf das Zechensterben folgte das Sterben der Stahlwerke. Schornsteine wurden gesprengt, Fördertürme abgerissen, Hochöfen geschleift. Und wieder Entwurzelung. Italiener, Griechen, Spanier, Türken genauso arbeitslos wie die Deutschen und Polen. Die Heimat erneut verloren.

Elf Freunde (2):
»Was soll ich in Berlin?«

Wir wohnten bis Anfang der Siebzigerjahre an einer Hauptstraße, direkt gegenüber einer von Sträuchern überwucherten Bombenruine, wo seit Kriegsende nur noch die Grundmauern standen und Spielen strengstens verboten war. Was uns natürlich dazu anspornte, genau dort unsere Kinderabenteuer zu suchen. Auf den Straßen liefen noch einige Kriegs-versehrte herum, denen ein Arm und Bein fehlte und vor denen ich mich ein bisschen fürchtete, aber die uns Kindern manchmal Süßigkeiten zusteckten, obwohl wir die eigentlich gar nicht annehmen durf-ten.

Es gab zahlreiche Gelegenheiten, nach Hamburg oder Berlin zu ziehen, aber was sollte ich da? Das Ruhrgebiet ist die Metropole Deutschlands.

Und wenn mir dann mal wieder eine völlig unbekannte Oma in der Straßenbahn über eine Fahrt von sieben Haltestellen ihre ganze Lebensgeschichte erzählt hat, weiß ich: Hier bin ich richtig, hier bin ich zu Hause.

Klaus Dahlbeck, 46, Ultraläufer, Kompottsurfer, Journalist und Autor, Bochum

Der letzte Schrei: kreative Viertel

Herne hatte den Ersten. Bochum seiner ist auch gerade feddich: Boulevard heißt das Zauberwort der Zeit. Boulevard? Moment mal, das ist doch ein Begriff aus jenen untergegangenen Tagen, da Walter Benjamin mit einer Schildkröte an der Leine flanieren ging; ein Wort, das städtisches Lebensgefühl auf den Punkt bringt wie kaum ein anderes. Und nun also Boulevards im Ruhrgebiet, das sich seine Urbanität so mühsam erarbeiten musste?

Ausgerechnet in Herne damit anzufangen, war immerhin eine recht gute Idee; die im Krieg unzerstörte Bahnhofstraße mit ihren hübschen Jugendstil- und Gründerzeithäusern wurde noch bis weit

in die Sechziger »Goldene Meile« genannt und war
Ziel so mancher Einkaufstour zu Fuß oder mit der
Straßenbahn. 2001 war es, da wurde die längst in
eine Fußgängerzone verwandelte Bahnhofstraße unter großem Trara zum Boulevard umgetauft. Ich
habe meine Jugend und jungen Erwachsenenjahre
in Herne verbracht und selbst einmal auf der Bahnhofstraße gewohnt: im dritten Stock einer Taek-
Wan-Do-Sportschule gegenüber von Karstadt, auf
300 umgebauten Quadratmetern. Mein Musik- und
Arbeitszimmer war ein braun gefliester ehemaliger
Dusch- und Umkleideraum, im Schlafzimmer gab
es ein altes, geschwungenes Friseurwaschbecken und
eine fossile schwenkbare Trockenhaube aus beigem
Kunststoff. Mein Mitbewohner lebte in der 15 mal
sieben Meter großen Turnhalle mit Sprossenwän-
den, an denen seine Anzüge hingen.

Ich kann Ihnen genau sagen, wie die Bahnhofstraße in den späten Siebzigern und mittleren Achtzigern aussah: schlimm nämlich. Plattenbauten mit
diesen schrecklichen Fake-Schiefer-Verkleidungen
in verschiedenen Nicht-Schiefer-Farben; grässliche
Laden-»Pavillons« mitten auf der eigentlich doch
recht imposanten, breiten Straße, die jegliche Sicht
verstellten und über die es monatelange Leserbrief-
diskussionen in der lokalen *Westdeutschen Allgemeinen*

Zeitung (*WAZ*) gab; dazu eine piefige Möblierung mit Straßenlaternen, Kugelbrunnen und Papierkörben im Froschgrün und Orange der Siebziger. Das Grundstück, auf dem später C&A gebaut wurde, galt einmal als teuerstes unbebautes Citygrundstück Deutschlands, wenn nicht des bekannten Universums. Immerhin standen dort schon 1973 die ersten Altglascontainer, die ich je zu Gesicht bekommen habe.

Das Herner City-Center aus den frühen Siebzigern war eins der ersten seiner Art, leider sind diese grausamen Waschbetonfassaden, Chrom- und Glasmodernismen und glänzenden Wasserspiele so unglaublich schnell unansehnlich und altmodisch geworden, dass das ganze Ensemble schon zehn, zwölf Jahre nach seiner Eröffnung besser hätte abgerissen werden sollen. Es steht aber immer noch. Herne war Anfang der Neunziger auf dem besten Wege, eine sterbende Stadt mit leer stehenden Fachgeschäften zu sein.

Noch bis tief in die Achtziger sahen unsere Städte alle so aus wie zusammengewürfelt. Gründerzeitbauten, Arbeitersiedlungen aus den Fünfzigern mit Aschentonnen aus grauem Metall vor der Haustür (»Keine heiße Asche einfüllen!«), schlimme Bausünden der Siebziger in uniformen Fußgängerzonen, verblendete Kaufhausfassaden, Gewerbewucherungen, Autobahnen, Parks, insgesamt zu wenig Sichtachsen, kaum große Plätze, und wenn, dann waren sie leer wie der Kennedyplatz in Essen oder der Hansaplatz in Dortmund, alles eng.

Rühmann sagt, wie's ist

»Hübsch hässlich habt ihr's hier«, sagte der Essener Hoteliersohn Heinz Rühmann in einem seiner Filme. Das traf es genau. Orte ohne Folklore, der Produktion und dem Transport untergeordnet. Und doch war man hier zu Hause. Wer wegging, konnte sich nie von seiner Herkunft lösen. Das Gebrochene, das halb Entwurzelte und halb Bodenständige, nahm man mit in die Welt. Sogar die Gastarbeiter hatten Heimweh nach diesem Gefühl. Durch die Zeitungen ging die Geschichte von einem der ersten portugiesischen Arbeiter, der mit etlichen anderen in den Sechzigern nach langer Zugfahrt hier ankam und am Bahnhof mit Fähnchen und Reden empfangen wurde. Als er arbeitslos wurde, ging er zurück nach Portugal. Nicht für lange. Längst wohnt er wieder in der lebendigen Dortmunder Nordstadt, wo sich die spanischen und portugiesischen Kneipen knubbeln.

Im Ruhrgebiet studieren seine Kinder, hier liegt seine Frau begraben. »Was soll ich in Portugal?«

Von einer pulsierenden Metropole kann man im Herner Fall auch heute nicht uneingeschränkt sprechen. Wie sagte schon die Omma gerne: »Man kann aus einem Schrubbtuch keine Gardisette-Gardine machen.« Aber allein die Behauptung, die Bahnhofstraße sei ein Boulevard, hat als »self fulfilling prophecy« gewirkt und urbane Kräfte freigesetzt. Es lässt sich dort wirklich nett auf gut einem Kilometer zwischen Kreuzkirche und Bahnhofsbrücke herumpromenieren, die Straßencafés sind gut besucht, die breite Meile mit ihren grünen Rabatten wirkt gepflegt, und an ihren Endpunkten sind Vorzeigeprojekte verwirklicht worden. Am Südende ist mit dem Archäologiemuseum eins der modernsten archäologischen Museen Europas entstanden, das 250 000 Jahre Menschheitsgeschichte in Westfalen in einer unterirdischen Ausstellungshalle zeigt. Da können Sie mal sehen: So lange machen wir uns nun schon hier in der Gegend breit! Und am Nordende ist die dunkle, ungemütliche Bahnhofsunterführung mit ihren Schmierereien einem transparenten, gut beleuchteten und vom Künstler Günter Dohr gestalteten Durchgang zum schmucken Bahnhof gewichen; der Bahnhof selbst ist dringend einen Besuch wert.

Die IBA Emscherpark, die sich in den Neunzigern die maroden Zonen des nördlichen Ruhrgebiets vorknöpfte, hat hier ganze Arbeit geleistet. Zwar ist es nicht der ursprüngliche Bahnhof aus den Anfängen der Köln-Mindener Eisenbahn (1847), aber immerhin der damalige Neubau aus dem Jahre 1912, der gründlich entkernt und saniert wurde. Und siehe da, es kamen auch die schönen bleiverglasten Fenster des Herner Künstlers Jupp Gesing mit ihren Ruhrgebietsmotiven zum Vorschein. Ergänzend sei gesagt, dass auch Hernes zweiter Bahnhof, der eigentliche Hauptbahnhof in Wanne-Eickel, ähnlich liebevoll restauriert wurde. Schließlich war Wanne-Eickel einst »die Stadt der tausend Züge«, denn bis Mitte der Sechziger galt jener Bahnhof als einer der größten Rangierbahnhöfe Europas. Auch hier gibt es Kunst: Auf dem neu gestalteten Heinz-Rühmann-Platz – die Eltern des Schauspielers hatten seinerzeit die Bahnhofsgaststätte gepachtet, bevor sie Hoteliers im Essener »Handelshof« wurden – grüßt eine Kopie des 1927 aufgestellten »Drei-Männer-Ecks« von Wilhelm Braun die Reisenden: Eisenbahner, Binnenschiffer und Bergmann symbolisieren wichtige Berufe der Wanne-Eickeler Wirtschaft.

Vorläufiges Fazit: Der Herner als solcher hat es nicht mehr unbedingt nötig, wie früher noch an jedem Wochenende nach Bochum zu fahren, zu Hause hat er's auch gut.

Sprengt die Stadtbadgalerie!

Ähnlich verhält es sich in Bochum: Bongard- und vor allem Massenbergstraße sind heute ebenfalls ein Boulevard, Resultat einer seit Jahrzehnten verfolgten Strategie der Stadt Bochum, eine schienenfreie Innenstadt zu schaffen – ab unter die Erde mit den beliebten Straßenbahnen! Diese Politik hat Bochum jahrzehntelange Buddeleien und der City eine entsprechende Unattraktivität beschert, zuletzt aber immerhin mit der Station »Rathaus-Süd« eine durchaus spektakuläre unterirdische Stadtbahnhaltestelle mit einer changierenden Lichtinstallation, bei deren Anblick man ernsthaft daran denkt, keine bewusstseinserweiternden Drogen mehr zu konsumieren. Anders als in Herne dürfen in Bochum übrigens immer noch Busse über den Boulevard fahren, und wegen der Untertunnelung mit Parkhäusern ist die Begrünung mit echten, Wurzeln schlagenden Bäumen schlecht möglich. Nun, auch unter Kübelbäumen lässt sich flanieren, und vor allem, wenn der beliebte »Bochumer Musiksommer« und das Winzerfest parallel stattfinden, tobt hier das Leben. Tanzen mitten in der Stadt, wenn EinsLive-DJ Mike Litt aus Bochum-Langendreer seine loungigen Sounds auflegt oder der Weltstar-DJ André Tanneberger alias ATB den Boulevard rockt, der, aus Sachsen kommend, schon Herne, Bochum und Witten als Wohnorte ausprobiert hat – ja, das ist urban und atmet ein bisschen weite Welt.

Schon in den letzten Jahren hat man den breiten Mittelstreifen vor der neuen Stadtbadgalerie gern für Trödelmärkte und einen Ausläufer des Weihnachtsmarktes genutzt. Und im Winter wird hier immer die Eislaufbahn aufgebaut. Zwei dort angesiedelte eher fragwürdige Errungenschaften, nämlich die Sparkassengalerie und eben die billig wirkende Stadtbadgalerie, für die das stadthistorisch wichtige Nachkriegsschwimmbad weichen musste, sind bei ihrem Versuch, urbanes Leben zu s(t)imulieren, grandios gescheitert. Zwei überflüssige, langweilige und mausetote Gebäude aus der Zeit der New Economy; sie werden die Ersten sein, die wir sprengen, wenn die Revolution kommt.

Urbanes Leben im Ruhrgebiet spielte sich bislang oft an Orten ab, auf die man beim ersten Nachdenken gar nicht kommt. Es sind möglicherweise Orte, über die ein altinternationaler Profistädter die Nase rümpfen würde: Ich weiß nicht genau, was hier den Spirit ausmacht, aber Tchibo und Eduscho zum Beispiel sind im Ruhrgebiet seit den Siebzigern eine Legende. In Mülheim traf sich Helge Schneider mit seinen komischen Kumpels beim billigen Kaffee und bildete die Keimzelle eines einheimischen Jazz-Freibeutertums. In Herne war bis fast in unsere Tage hinein samstags um zwölf Uhr die Bahnhofstraße vor Tchibo schwarz vor Schülern, zauseligen Musikern und »Alternativen«. Ich kann mich noch an einen Arbeiterdichter namens Karl erinnern, der mir durch eine weiße Haarsträhne, seinen ewigen Parka und lausig-engagierte Lyrik präsent blieb. Aber das war die gleiche Zeit – tiefste Siebziger! –, in der sich der spätere Schauspieler Joachim Król noch in den staubigen Sesseln des linken Club Courage im Hinterhof der Bäckerei Neumann auf der Bochumer Straße lümmelte, also Schwamm drüber.

Simulation städtischen Lebens fand und findet auch in all diesen künstlichen Fressmeilen wie im Oberhausener CentrO statt, erbaut auf dem geschleiften Areal der Gutehoffnungshütte – die größte Shopping Mall Europas und vorrangiges Ziel unserer holländischen Nachbarn. Ähnliche Bilder im Rhein-Ruhr-Zentrum in Mülheim, in der neuen Essener Vorzeige-Megamall am Limbecker Platz oder im RuhrPark zwischen Bochum und Dortmund, wo sich das Volk in der mediterranen »Via Bartolo« mit ihren Olivenbäumen nur so drängelt. Auch letzterer »Park« ist auf Industriegrund gebaut und mit seinen 45 Jahren das zweitälteste Einkaufszentrum Deutschlands. Und das flächenmäßig größte. Solche Beispiele sind zwar beeindruckend, machen aber beileibe noch kein urbanes Leben aus. Auch nicht die Heerscharen, die sich morgens um halb zehn bei IKEA zum preiswerten Frühstück treffen und keineswegs an Bonde und Billy interessiert sind. Der besser verdienende Städter von heute hingegen fühlt sich durchaus sehr wohl im Souterrain des Dortmunder Karstadt-Hauses, denn im dortigen kulinarischen Treff namens »Perfetto« findet er eine umfassende Weinauswahl samt Proseccobar, bekommt abgehangenes Fleisch vom Ökobison und 34 Sorten kalt gepresstes Olivenöl aus Südostkreta. Gern macht er es sich am Tresen des Edelimbisses bei feinem Fisch und Biosteak bequem und sieht den Köchen beim Grillen zu. Es sind immer die gleichen Leute, die man hier trifft: feine Damen mit zu viel Schminke im Gesicht und mächtige Männer in dunklen Mänteln, lieber noch in der »Dortmunder Jacke«. Das ist die schwarze, glatte, gerade geschnittene Lederjacke, die in der restlichen Welt seit Jahren ausgestorben ist, jedoch in 7er-BMW fahrenden Kreisen Opa, Vater und Sohn unmodisch verbindet. Es sind dies aber nie Filmregisseure und Literaten, immer nur Gerüstbauunternehmer!

Wir lieben die Marktwirtschaft

Immerhin bricht bei dieser Vorliebe für quasiurbane Treffpunkte der alte Ruhrgebietler von 1840 wieder durch, der sich auf Marktplätzen schart und den Wochentratsch austauscht. Grundsätzlich nicht unsympathisch, finde ich, und durchaus anfällig für lukrative Geschäftsideen: Schafft ein angenehmes, nicht zu überkandideltes Ambiente, am besten mit einer Verbindung zur idealisierten Vergangenheit, und das Geld fließt. Zu besichtigen jedes Jahr im Herbst beim Dortmunder Hansemarkt: Bis zu 15 000 Besucher drängeln sich zwischen Holzbuden, in denen zünftig gekleidete Handwerker Würste sieden, Aale räuchern, Kerzen aus Bienenwachs ziehen und Stoffe weben. Dauernd ein lohnendes Ziel sind die großen Wochenmärkte im Ruhrgebiet, einerseits wegen der regionalen Lebensmittel, die sich von denen der Nachbarstadt durchaus unterscheiden, andererseits, um unseren schönen Ruhrpottdialekt hautnah zu erleben. Auf dem großen Markt in Rheinhausen (ein eingefleischter Rheinhausener hat mir strikt verboten, Duisburg-Rheinhausen zu sagen; hallo Thomas Meiser!) gibt es Gänseeier vom Niederrhein zu kaufen; Einheimische legen Wert darauf, dass es korrekt »Hochemmericher Markt« heißt, während die Website von Rheinhausen Wert darauf legt, dass dieser Markt an sechs zentraleuropäische Autobahnen angebunden ist. Auf der entgegengesetzten Seite des Ruhrgebiets zeigt der Dortmunder Hauptmarkt auf dem Hansaplatz ein lebendiges Westfalen, das man beim Espresso in der kleinen Marktrösterei, beim Backfisch an »Karin's Markttreff« oder bei einer Bratwurst am Wildstand von Schräder am besten kennenlernen kann. In der leider letzten Ausgabe des Ruhrgebietsmagazins *Marabo* vom Juli 2005 durfte ich den Promifragebogen ausfüllen und beantwortete die Frage »Was hilft am besten gegen Depressionen?« mit den ewig gültigen Worten: »Ein sonniger Samstagvormittag auf dem Dortmunder Hansamarkt. Matjes, Rohmilchkäse, Wabenhonig und Kaminwurzen kaufen und dann zusehen, wie Chinesengrüppchen am Lebendviehstand um Gänseküken und Hühner feilschen. Überlegen, was die mit den Viechern wohl anstellen. Sex?! Später im ›Alten Markt‹ Thier-Pils trinken. Aber als ›Durch‹!«

Der Rüttenscheider Markt in Essen wiederum ist weder niederrheinisch noch westfälisch, sondern so urban und anspruchsvoll wie der Isemarkt in Hamburgs Eppendorf. Ganz Rüttenscheid trägt dank seiner Rüttenscheider Straße erheblich zum Großstadtfeeling des Ruhrgebiets bei. Das liegt nicht zuletzt am städtebaulich recht homogenen Gesamteindruck, den man verstärkt in den Nebenstraßen der »Rü« bekommt, die links Männer- und rechts Frauenvornamen tragen. Die »Rü« ist die alte Kettwiger Chaussee nach Düsseldorf, und es mag an dieser gefühlten Nähe liegen, dass hier die Boutiquen-, Galerien- und vor allem Restaurant- und Kneipendichte beispielhaft ist. Dazu mehr im Kapitel über die Ruhrgebietsküche.

Die Generation »U«

Was in Essen möglich ist, möchte die Kulturhauptstadt auch anderswo in die entsprechende Richtung schubsen. Nach dem kleinen Boom der Boulevards, der unseren Innenstädten guttut, heißt das nächste neue Ding »Kreativ.Quartiere«. Noch ist außer Absichtserklärungen in teilweise höchst verschwurbelter Stadtplanerlyrik wenig davon zu sehen, aber die

Pläne gehen von der richtigen Annahme aus, dass erst die Wechselwirkungen zwischen Kunst, Kultur, Ökonomie und Bildung urbane Räume zur Metropole machen. In den Worten der Kulturhauptstadt, die politisch korrekt »Essen für das Ruhrgebiet« oder noch korrekter »Kulturhauptstadt Europas RUHR.2010« genannt werden will: »Die Metropole Ruhr entsteht gerade erst. Jetzt! Als Kulturhauptstadt Europas RUHR.2010 betritt sie als echter Newcomer die urbane Bühne Europas.« Ächz. Das dröhnt ein wenig, aber wenn der Nebel sich verzieht, sieht man ... na, eben keine Opelaner, die vor dem Bochumer Rathaus für den Erhalt ihrer Arbeitsplätze demonstrieren. Keine insolventen Karstadt-Häuser und verödete Innenstädte. Und auch keine grauen Häuserschluchten, durch die bewaffnete Schwarzmeerbanden mit schrecklichen, heute noch nicht vorstellbaren Gelfrisuren ziehen.

Sondern neue »Kreativ.Quartiere«. Etwa rund um das Dortmunder »U«, das frappierend an Pieter Brueghels »Der große Turmbau« von 1563 erinnert, tatsächlich aber nur das profane ehemalige Produktionshochhaus der Union-Brauereien ist. Dass Museen, Akademien und junge Medienkünstler in dieses echte städtische Wahrzeichen einziehen sollen, ist gut – ein enthusiasmierter Kulturdezernent rief gar gleich die »Generation U« aus. Noch besser aber ist, dass das stadtauswärts unter dem U-Turm befindliche Viertel längs der Rheinischen Straße ebenfalls aufgemöbelt wird. Unübersehbar hat dieses uralte Teilstück des mittelalterlichen Hellwegs nämlich seine besten Jahre hinter sich. Die teils prächtigen Fassaden imposanter Gründerzeithäuser sind mit Graffiti und Tags übersät, es gibt offensichtliche Ladenleerstände, in manchen Abschnitten reiht sich dafür Sexshop an Szenecafé und Punkladen an türkischen Gemüsestand und indischen Supermarkt. Das Bürgermagazin fürs Viertel, *Die Rheinische Straßenzeitung*, konstatierte nüchtern: »Im Vergleich zur Gesamtstadt verzeichnet die Statistik einen größeren Rückgang der Bevölkerung, höhere Arbeitslosigkeit, niedrigeres Einkommen und mehr Erwachsene und Kinder, die von Hartz IV leben.« Beschämenderweise durfte hier längere Zeit auch die Fachboutique für Neonazibedarf nicht fehlen. Hier unter der Kreativfuchtel der Kulturhauptstadt richtig aufzuräumen macht Sinn! Und wenn man schon mal dabei ist, kann man die Dortmunder Nordstadt und das Brückstraßenviertel gleich mit aufräumen, unter Beibehaltung des jeweiligen Charmes, versteht sich.

In Bochums Viktoriaviertel, das ans beliebte und belebte Bermudadreieck angrenzt, ist Ähnliches im

Aufbau. Schon 2009 eröffnet ein neues Comedyhaus, das unter anderem von Bochums Vorzeigedichter Frank Goosen betrieben wird. Grundsätzlich sind das sehr gute Ansätze, weil die Kulturhauptstadt in ihrer Weisheit erkannt hat, dass das Ruhrgebiet gar nicht funktioniert, wenn man nur in den Grenzen bisheriger Kirchturmpolitik denkt. Sie hat deshalb die gesamte Region in Areale aufgeteilt, was dem Lebensgefühl von uns Ruhrgebietlern wesentlich eher entspricht als die absurde Vorstellung, dass Duisburger, Essener und Dortmunder in einer gemeinsamen »Ruhrstadt« leben. Gemeinsam ist uns aber, dass wir unsere Städte bald nicht mehr wiedererkennen. Ich finde das gut, bei uns sah es lange genug recht schäbig aus. Jetzt ist hier Architektur von Weltrang zu sehen, unsere Städte bekommen ein modernes Gesicht. In Duisburg haben dank IBA Emscherpark Sir Norman Foster oder auch Herzog & de Meuron den Innenhafen umgekrempelt; erneut ist momentan das Museum Küppersmühle mit den zeitgenössischen Sammlungen Grothe und Ströher Austragungsort einer spektakulären architektonischen Idee: Auf die Röhren des Stahlsilos wird eine Art riesiger Schuhkarton scheinbar frei schwebend aufgesetzt, natürlich zur hellen Freude der örtlichen Leserbriefschreiber. Das Schimpfen wird nichts nützen, denn Lord Foster hat bereits die Duisburger Innenstadt im Visier. Essen mit seiner neuen Weststadt und dem 2010 fertigen Thyssen-Krupp-Hauptquartier; die neue Mall am Limbecker Platz mit dem neuen Vorzeige-Karstadt; das kühne Exzenterhaus, das in Bochum auf einen Weltkriegbunker gepflanzt wird und neues Wahrzeichen der Stadt werden soll; der Phoenixsee in Dortmund auf einem alten Hoesch-Gelände; neue Marinas am Rhein-Herne-Kanal – »Mythen der nahen Zukunft«, wie J. G. Ballard sagen würde.

Das Wunder von Marxloh

Noch wichtiger ist nur ein weiteres Gebäude, das »unsere« Wahrnehmung des Ruhrgebiets erheblich stärker verändert als ein neuer RWE-Tower in Dortmund: Als »Wunder von Marxloh« gefeiert, eröffnete im Oktober 2008 die prächtige neue Ditib-Moschee zwischen Stahlwerk, Schornsteinen und Kirchtürmen. In jenem Duisburger Stadtteil also, von dem man bundesweit gern schaudernd als »Problemviertel« spricht. Parallelgesellschaft, ein höherer Ausländer- als Deutschenanteil, galoppierende Arbeitslosigkeit, mag ja alles sein. Man verkennt dabei, dass

»die Türken«, um die es fast immer geht, unter anderem deshalb so schlecht Deutsch sprechen, weil ihre deutschen Nachbarn in Marxloh oder dem noch schlimmeren Bruckhausen, die es ihnen beibringen sollten, die Sprache noch weniger beherrschen. Und noch arbeitsloser sind. Man verkennt auch, dass etwa die Weseler Straße, die Marxloh als Bundesstraße 8 durchschneidet, mittlerweile ein Anziehungspunkt für Käufer aus ganz Europa geworden ist, in den Niederlanden oder Belgien ein ähnlicher Begriff wie das Oberhausener CentrO oder der Dortmunder Weihnachtsmarkt. Weil sie nämlich ein Sehnsuchtsboulevard ist, die Champs-Elysées der Immigranten, weil sich hier türkische Fachgeschäfte für Brautmoden, Ringe, Diamanten, Hochzeitsschuhe, Fotostudios dicht an dicht drängen. Hat man jemals so etwas schon gesehen, hier sind Dutzende funktionierender Ich-AGs zu besichtigen, die alle Arbeit schaffen. Beeindruckend. Und in Sichtweite die neue Moschee mit ihrem 34 Meter hohen Minarett und einem 23 Meter hohen silbernen Kuppeldach. Von innen leuchtet diese Kuppel in Gold mit blauen Reflexen, es gibt üppige rote Samtvorhänge, über 1200 Gläubige finden Platz.

Und das alles gelang ohne die aus Köln oder anderswo bekannten Proteste und gehässigen Demonstrationen der sauberen Deutschen. Weil eine junge, im Ruhrgebiet aufgewachsene und verwurzelte muslimische Generation die Sache in die Hand nahm, weil vor allem türkische Frauen stark an der Entwicklung beteiligt waren. Und weil die türkisch-islamische Gemeinde, die Bewohner von Marxloh, die Kirchen und die kommunalen Politiker miteinander redeten. Monatelang. Immer wieder. Bis sich alle einig waren.

Wie man das bei uns im Ruhrgebiet eben so macht.

Elf Freunde (3):
»Straßen voller Menschen«

Ich habe noch die Kinderhaltung in den Fünfzigern am eigenen Leib erfahren. Damals war das Ruhrgebiet ein Schwarz-Weiß-Foto: schwarze Autos, graue Anzüge, graue Straßen, weiße Autos, schwarze Steine, grauer Stahl. Und Straßenbahnen mit Seilzugklingel, die hintere Tür blieb offen, man konnte während der Fahrt hineinspringen. Die Gerüche der Fünfziger: Pomade, Sonntagsbraten, 4711. Und die Straßen waren voller Menschen.

Die Innenstädte sind heute leer, die Kultstätten verwaist. Die Fußgängerzonen haben das Leben aus den Städten genommen. Ich will, dass die Leute wieder ein Zuhause auf den Straßen der Stadt haben. Das Ruhrgebiet wird hoffentlich nie fertig.

Helge Schneider, 53, »korrekte, vollständige Berufsbezeichnung: Komiker, Komponist, Musiker, Buchautor, Drehbuchautor, Schauspieler, Regisseur, Musikclown«, Mülheim an der Ruhr

Entscheidend is aufm Teller

Das beliebteste moderne Märchen, das man sich im Ruhrgebiet erzählt, war schon in jeder Zeitung zu lesen. Es ist das Märchen vom Sternekoch, der seit Jahren glücklich eine Pommesbude betreibt. Das Märchen von Raimund Ostendorp, der seinen Platz am Dreisterneherd des Düsseldorfer »Schiffchens« verließ, um in Wattenscheid seinen bodenständigen »Profigrill« zu eröffnen. Da es ein Märchen ist, scheint alle Welt es gern glauben zu wollen. Dass da ein Junge aus dem Revier die kulinarischen Fisimatenten der dekadenten Landeshauptstadt aufgibt und sich im Kreise der Familie lieber der Currywurst und dem Jägerschnitzel mit Kartoffelsalat widmet, das ist so schön kuschelig, dass man über den Rand einer Pommesschale gar nicht mehr hinausdenken möchte. Ich gönne Raimund Ostendorp von Herzen seine Story, bewundere auch seine Fähigkeit zur Selbstvermarktung und halte ihn für einen Töfften – aber wenn ich die Geschichte noch einmal lesen oder im Privatfernsehen sehen muss, ernähre ich mich von Stund an ausschließlich von Stopfleber und großen Sauternes. Bis an mein selig Ende.

An der Ruhrgebietsküche nerven zwei Dinge: erstens ihre Fremddarstellung. Und zweitens ihre Eigendarstellung. Die Eigendarstellung beschreibt mit verklärtem Blick Armeleute-Essen und mächtige Bierkutschergerichte und spart nicht mit Attributen wie »bei Muttern« oder »vonne Omma«, glorifiziert also Personen, die nicht kochen können. Dabei ist absolut nichts einzuwenden gegen bodenständige Revierspeisen von Eisbein mit Sauerkraut bis zu den Dicken Bohnen mit Speck, von Sauerbraten bis Grünkohl und von Solei bis Panhas. Manchen schmeckt das nach Kindheit, andere erinnert das an unsere alten Eckkneipen. Erst recht nichts habe ich gegen ausformulierte Rezepte, wie sie etwa der Küchenmeister Heinrich Wächter gesammelt hat, »Bürger des Ruhrgebiets«, Träger des Bundesverdienstkreuzes und Ausbilder einer

Reihe hoch dekorierter deutscher (Sterne-)Köche: Kaninchenrücken in Speck auf Rucola-Graupen-Risotto, Schweinebacke in Altbier mit ländlichem Gemüse und Schmörchen oder Mostertbraten auf Bergmannsspargel. Herrliche Sachen, sie müssen aber zeitgemäß interpretiert werden! Mit seinen »Dubbels in Butterpapier« etwa, also Vorschlägen für astrein belegte Kniften, gestaltete Wächter 2006 sogar ein WM-Menü für auswärtige Besucher. Das war cool.

Die Ausrufung einer »wahren« Ruhrgebietsküche mit ewig gestrigen Argumenten hat dagegen etwas von einer Lebenslüge. So wenig der Baldeneysee »Natur« ist, sondern eine idyllische Suppe, die in den frühen 1930er-Jahren von Arbeitslosen mühsam mit Schaufeln ausgelöffelt wurde, so wenig taugen die Mythen von Henriette Davidis aus Witten-Wengern, der legendären Kochbuchautorin des 19. Jahrhunderts, beerdigt auf dem Dortmunder Ostfriedhof, oder vom satt machenden Eintopf für den industriellen Schwerarbeiter zur Beschreibung der heutigen Pottkost. Beim Blick von außen, wie ihn die Tourismusseiten namhafter Wochenblätter, die Merians dieser Republik und nicht zuletzt die bundesweiten Restaurantguides betreiben, fragt man sich, mit welchen Schaschlikspießen im Auge hier die kulinarische Lage beschrieben wird. Unter der Prämisse, dass zwischen Duisburg und Dortmund sowieso nur kulinarische Diaspora herrscht, hält man sich lieber gleich an der Currywurst fest.

Es kann nur eine geben

Das ist grundsätzlich nicht falsch, aber eben nur die halbe Wahrheit. Natürlich lieben wir unsere Currywurst und sparen nicht mit kryptischen Bestellungen am Tresen der Pommesbude unseres Vertrauens: »CPM« für die heilige Trinität Currywurst-Pommes-Mayo, »Pommes Schranke« bzw. »Rot-Weiß« oder auch »SchniPo« für Schnitzel und Pommes sind gängige Formeln, die jeder Fritteusenzampano versteht. Seit Grönemeyer die Heilkräfte der Currywurst besang (Text: Diether Krebs) und damit konkret die anbetungswürdige Wurst des so genannten »Bratwursthäuschens« des Familienbetriebs Dönninghaus am Bochumer Engelbertbrunnen meinte, quittieren wir die unverfrorenen Hamburger und Berliner Hoheitsansprüche auf Urheberrechte und angebliche historische Wahrheiten mit Hohngelächter. Mann, die nehmen rote Würste und frittieren sie, das geht ja gar nicht! Wurst hat im Übrigen mit der Schere geschnitten zu werden, basta. Die einzig wahre deutsche Hochburg unserer geliebten Leibspeise ist das Ruhrgebiet, dokumentiert durch immer neue gedruckte Pommesbudenführer, die die Heroen der Branche feiern: »Zum Xaver« in Essen-Holsterhausen, »Curry-Heini« in Waltrop, »Eddi's Durst- und Wurst-Express« in Witten, »Peter Pomms Puszetten Stube« in Duisburg und natürlich auch der »Profigrill« in Wattenscheid heißen die Kult- und Pilgerstätten der Fangemeinde. Wenn man Glück hat, steht dort hinterm Verkauftresen ein weibliches Exemplar jener Gattung Fachpersonal, das woanders längst ausgestorben ist: weiße Kittelschürze, massige Oberarme, coole Dauerwelle und zwischen zwei flotten Sprüchen kurz nach draußen, eine rauchen. Der neuzeitliche Edelcurry-Gegenentwurf, erst seit diesem Jahrtausend en vogue, gefällt vor allem in Angestelltengegenden wie Essen-Rüttenscheid und kreuzt schickes, urbanes Ambiente mit Biowurst und sexy Mayonnaisen. Auch das ist statthaft und wird gern von Beschlipsten in der Mittagspause angenommen, stößt aber an seine Authentizitätsgrenzen, sobald Champagner zur Edelwurst kredenzt wird.

Ein Fast-Food-Gericht macht selbstredend keine regionale Küche. In guten Zeiten wie unseren, in denen sich allerorten engagierte Minderheiten für saubere regionale Produkte stark machen und die Slow-Food-Bewegung gleich mehrere ihrer Convivien im Ruhrgebiet unterhält, entdeckt so mancher Besseresser die verschütteten Traditionen wieder. Da hat das vor gar nicht so langer Zeit noch ausgesprochen ländliche Ruhrgebiet eine ähnlich stattliche Liste zu bieten wie andere deutsche Genießerregionen auch: regionale Produkte, wie sie in der vor- und frühindustriellen Zeit bekannt waren und während der Ära der Schwerindustrie auch im heimischen Garten gehegt und gepflegt wurden. Ziege, Schwein, Taube, Kaninchen, Flusskrebse, Spargel, Steckrüben, Stielmus, Graupen, Schrebergemüse, Blutwurst, Panhas. Mit Zutaten wie diesen lässt sich höchst anspruchsvoll kochen, wie die Sterneköche Berthold Bühler und Henri Bach in der »Résidence« zu Essen-Kettwig beweisen. Das Haus verteidigt seit geschlagenen 20 Jahren seine zwei Michelinsterne und seinen Platz in der Top Ten der deutschen Spitzenrestaurants, und was hier aufgetischt wird, bedient sich klassischer französischer Kochkunst wie bester regionaler Produkte gleichermaßen. Ein beeindruckendes Gericht, im Frühsommer 2009 aufgetischt, nannte sich »Gebackene Kaninchencanelloni mit Biancettitrüffel, Parmesanespuma & Roulade vom geschmorten Gemüse«, und wenn man diesen nach allen Regeln moderner Haute Cuisine zubereiteten Gang dechiffriert, so erkennen wir darin eine volkstümliche Ruhrgebietsmahlzeit mit Karnickel, Nudeln, Pilzen, Käsesoße und einer guten Handvoll Gemüse aus dem Schrebergarten wieder.

Wir speisen gern im Stahlwerk

Pommesbude und Sternetempel sind die beiden Pole jeder Großstadtküche. Ist das alles und findet dazwischen nichts weiter statt, handelt es sich um keine Großstadt. Gottlob hat das urbane Ruhrgebiet in den letzten 25 Jahren und erst recht in diesem Jahrtausend einen gastronomischen Quantensprung gemacht. Überteuerte Italoabsteigen für Spesenritter gab es natürlich in den Achtzigern schon. Und locker 40 Jahre ist es her, dass die ersten italienischen Gastarbeiter ihre Pizzerien im Ruhrgebiet eröffneten, was die fast unüberschaubare Anzahl italienischer Restaurants erklärt, wie sie seitdem zum Stadtbild gehören. Sehr stimmig übrigens in diesem Zusammenhang, dass der türkische Regisseur Fatih Akin 2002 die Geschichte der ersten Ruhrgebietspizzeria »Solino« für das Kino erzählte. Ich spreche hier aber von der Durchdringung des Ruhrgebiets mit einer angemessenen urbanen Gastronomie: Dass im Bochumer Bermudadreieck seit den späten Achtzigern Tische und Stühle auf die Straße gestellt werden – auf dem Alten Markt oder der Kleppingstraße in Dortmund, durch die noch vor ein paar Jahren die Hoesch-Laster donnerten, seit den mittleren Neunzigern –, ist eine zwingende Voraussetzung für städtisches Leben. Möglich gemacht übrigens durch gezielte Entscheidungen der jeweiligen Ordnungsämter. Wenn man unbedingt will, gehören auch neu geschaffene, inszenierte Welten dazu. Besuchen Sie im Sommer nur einmal den Duisburger Innenhafen! Da reiht sich vor der Kulisse alter Handelskontorhäuser dicht an dicht eine beeindruckende Anzahl gut besuchter Kneipen und Restaurants. Der Ponton des niederrheinischen Altbierbrauers Diebels geht fast unter, so voll ist er.

Zweifellos typischer und aussagekräftiger allerdings sind weitere inszenierte Räume, in denen sich der Ruhrgebietler eingerichtet hat, nämlich seine entkernten Industriegebäude. Ein Restaurant wie das Casino Zollverein in Essen-Katernberg, das die Besucher des Weltkulturerbes kulinarisch verwöhnt, dürfte mit seiner kathedralengleichen Kulisse aus Schwerlastsäulen, feierlichen Leuchtern und über-

raschenden Sichtachsen zu den europaweit spekta-
kulärsten Gastrotempeln gehören. Hier wird durchaus auch entschlackte Bergarbeiterküche angeboten,
auf höchstem Niveau, versteht sich. Ob Alter Bahnhof Kettwig, Henrich's im ehemaligen Stahlwerk
Henrichshütte in Hattingen, die Rohrmeisterei in
Schwerte, der Pferdestall in der Dortmunder Zeche
Zollern, das Hauptschalthaus im Duisburger Landschaftspark Nord oder Franky's im Wasserbahnhof
Mülheim: Spannende regionale Küche in ehemaligen Fabriken und Bahnhöfen kommt hier gut an
und ist für Besucher immer wieder ein Erlebnis.

Daneben ist die Zahl schick aufgemachter Lokale,
in denen es sich urban fühlen und speisen lässt,
mittlerweile gottlob Legion. Besonders in den ersten fünf Jahren des neuen Jahrtausends haben neue
Lounge-Restaurants das Bild vom Ausgehen im
Ruhrgebiet nachhaltig geprägt. Mittlerweile sind
Lorenz und raum.eins auf der feinen Rüttenscheider
Straße in Essen, das Mezzo-Mezzo neben der Licht-
burg, Livingroom und Caffè Zentral auf der teuren
Bochumer Luisenstraße, das moderne Ganztagskon-
zept Rigoletto auf der Dortmunder Kleppingstraße
oder das Stravinski im Konzerthaus ein wenig in die
Jahre gekommene Normalität. Der neueste Trend
lässt sich an der Essener »Rü« beobachten, jener

kilometerlangen Gourmetmeile, die wahrscheinlich mehr gastronomische Adressen aufzuweisen hat
als Hamburgs auch nicht gerade schlecht bestückte
Große Elbstraße. Hier kann man ohne Weiteres ein
Dutzend vergleichbarer Lokale besuchen, die ein fri-
sches Ganztagsangebot vom städtischen Frühstück
über preiswerte Mittagsmenüs bis zum abendlichen
Cocktail mit Bio-Philosophie, aktueller DJ-Musik
und Verständnis für schicke Kinderwagenmuttis ver-
binden. Eppendorf wäre da ein vergleichbares Pflas-
ter, und die Namen der Läden klingen wie Popgrup-
pen: Zucca und Zweibar, Love & Hate, Miamamia
oder Die Insel sind lässig, entspannt und werden die
Idee subkulturell unterwanderter Besseresser-Knei-
pen in den nächsten Jahren in die gesamte Kulturhauptstadt übertragen.

Ganz normal: Trüffelgnocchi to go

Doch das betrifft zunächst nur die erfreulichen Akti-
vitäten der nachrückenden Generation. Absolut bei
sich und zu Hause ist der erwachsene Ruhrgebietler hingegen, wenn er ein kulinarisches Stadtfest
besucht. Von Hattingens Altstadt über Bochums
Dr.-Ruer-Platz bis »Castrop kocht über« wetteifern

die Städte in jedem Sommer um die heimischen Schlemmerkohorten. Fast alle diese Feste blicken bereits auf eine respektable Geschichte zurück oder knüpfen an eine verschüttete, viel ältere Tradition an. Das Dortmunder Pfefferpotthastfest auf dem Alten Markt etwa macht mich so richtig glücklich. Die alte westfälische Spezialität (eine Art weich gekochtes Gulasch mit Zwiebeln und Gürkchen) habe ich beim diesjährigen Anlass gleich bei fünf der teilnehmenden Häuser bestellt. Ob Eisenbarth oder Overkamp, ob Grube oder Holzknecht: Kein Pfefferpotthast schmeckte wie das andere, aber alle waren toll gewürzt und lecker! Beim jährlichen »Dortmund à la carte« merkt man dann aber doch den Unterschied etwa zwischen Dortmund und Essen: »à la carte« findet 2010 schon zum 25. Mal statt und scheint sich bei Schnitzel, halber Ente und Omas Reibekuchen mit Lachs einem gewissen kulinarischen Stillstand ergeben zu haben. So wohl sich der Dortmunder in dieser Atmosphäre auch fühlt, üppige Tellergerichte mit Sauce und Beilage haben ihre besten Zeiten wahrlich hinter sich und wirken alles andere als modern. Dabei könnte Dortmund durchaus eine Führungsrolle spielen: Prägend für unsere Region sind nämlich die Gastfreundschaft und die offene Tür, die Mentalität der Menschen und die soziale Funktion der Ruhrgebietsgastronomie. Das hat eine Expertenkommission der Kulturhauptstadt mit dem sperrigen Titel »Kompetenzteam Kulinarik« herausgearbeitet. So gesehen, perfekt verkörpert von modernen, familiengeführten Traditionsgastronomien wie Haus Overkamp im Dortmunder Süden, einem Protagonisten der Vereinigung »Westfälisch genießen«.

Den direkten Vergleich der kulinarischen Stadtfeste gewinnt jedoch Essen. Sportlich gesehen, muss man es gar als Kantersieg bezeichnen. »Essen genießen« besteht zwar erst seit elf Jahren, hat sich aber dank stringenter Marketinganstrengungen und strenger kulinarischer Spielregeln zu einer der führenden und wohl auch bestbesuchten Gourmetmeilen Deutschlands gemausert. Legendär Diego Palermos (Trattoria Trüffel) halber Hummer für neun Euro, ebenso legendär Henri Bachs geschmorte Bäckchen vom Weideochsen zum selben Preis. Den Mann kennen wir ja schon als Zwei-Sterne-Koch der Résidence in Kettwig. Auf Essens Einkaufsmeile Kettwiger Straße stehen die sternverdächtigen Knut Hannappel (Hannappel) und Heinz Furtmann (Kölner Hof) einträchtig nebeneinander, und gegenüber hat Rino Frattesi seine Trüffelgnocchi im Angebot, natürlich auch für neun Euro. Frattesi ist Großmeister der italienischen Küche, einer von angeblich nur zwanzig weltweit, und sein La Grappa ist einer der bestbe-sprochenen Italotempel nördlich der Alpen. Höl-zerne Weinkistendeckel bester Provenienz verram-meln seine Schaufenster, und innen, so urteilen vor allem ahnungslose Düsseldorfer Besucher, regiert der pompöse Kitsch der Achtziger. Mittlerweile wird so etwas als Retrostil aber wieder höchst positiv gou-tiert.

Endlich: Pfefferpotthast 2.0

Apropos retro. Sollte es nicht möglich sein, aus den traditionellen Gerichten des Ruhrgebiets moderne Zeitgeisthäppchen zu machen? Natürlich ist das möglich. Unsere schönsten Produkte wie Schwer-ter Senf, Hövel's Bitterbier oder Dorstener Ziegen-käse eignen sich schließlich nicht nur als wunder-bare Mitbringsel für die Lieben daheim, sondern auch als Steilvorlagen für die Ruhrgebietsküche der Zukunft. Unter dem Namen »Neue Ruhrgebiets-küche« dämmert sie schon am Horizont herauf, und auf den Weg gebracht wird sie vom 2005 gegrün-deten Köcheclub FC Ruhrgebiet. Nicht von unge-fähr trägt der Club einen fußballerischen Vereinsna-men, sind doch etliche seiner Mitglieder glühende

Schalke-Anhänger oder sonstwie einschlägig vorbelastet. Um die zwanzig Küchenchefs sind im FC Ruhrgebiet, der sich als gemeinsame Vermarktungsplattform versteht, organisiert; es sind die kreativsten Köpfe der Region. Der Asia-Crossover-Pionier Jörg Hackbarth aus Oberhausen ist ebenso dabei wie der Sternekoch Björn Freitag aus Dorsten; Velbert schickt mit Sascha Stemberg einen jungen 16-Ender in fünfter gastronomischer Generation, während der Sommelier und Bistro-Prophet Thomas Friedrich aus Essen dazustößt. Lothar Buss aus Mülheim an der Ruhr gilt als einer der weltbesten Chocolatiers und reist für seine Pralinenseminare bis nach Malmö, Tokio und Seattle, während der Sternekoch Heiko Antoniewicz aus Werne an der Lippe einer der Päpste der deutschen Molekularküche ist und mit prächtigen Kochbüchern wie *Fingerfood* und *Verwegen kochen* international renommierte Buchpreise wie den World Cookbook Award eingeheimst hat. Was diese Besessenen machen, ist nichts weniger als der Versuch, aus regionalen Produkten, eingemeindeten Nationalgerichten und traditioneller Hausmannskost eine Neue Ruhrgebietsküche zu entwickeln. Ich muss hier immer an Linux und Open-Source-Modelle denken, wie sie das Web 2.0 populär gemacht hat; ähnlich spielerisch und von

Teamgeist geprägt werden beim FC wohl neue Rezepte ausprobiert.

Bei gefeierten Auftritten etwa als offizieller Repräsentant der Kulturhauptstadt bei der Internationalen Tourismusbörse in Berlin lesen sich diese Rezepte so: »Ente Sous Vide Döner Style«, »Knusperrolle von der Leberwurst auf Stielmus mit Karamellapfel und Meerrettichspuma«, »Himmel und Erde von Loup de mer und Jakobsmuschel« oder »Schichtsalat von Ziegenkäse, Birnenchutney und Kandisfenchel in Sesamtunke«. Sexy, nicht wahr? Wenn Sie die Chance haben, eine der legendären Küchenpartys des FC Ruhrgebiet zu besuchen, zögern Sie keinen Moment. Es kann sein, dass Ihnen Heiko Antoniewicz seinen dekonstruierten »Pfefferpotthast reloaded« im gelierten Würfel als Löffeldegustation kredenzt – zeitgemäßer hat man im Ruhrgebiet nie gegessen.

Elf Freunde (4):
»Die Caprisonne
überm Kanal«

BMX fahren im Bombenkrater, hinterher an die Bude, Jägerspeck und Wassereis Waldmeister kaufen. Mit 'ner Holztür als Unterlage die Zechenhalde runter. Im Sommer am Kanal die Pönten anschwimmen. Aber das Geilste war: meine erste Currywurst-Pommes-Majo (plus Caprisonne Kirsch) bei Curry Heini. Den gibt's heute noch – in Waltrop. Strukturwandel hin oder her, unsere Buden und Eckkneipen, wo man kurz stehen bleiben und quatschen kann, sind und bleiben für manche fast Familienersatz.

Marc Nabereit, 34, Präsident des Köcheclubs FC Ruhrgebiet, Dortmund und Münster

Elf Freunde (5):
»Hier ist es meistens dunkel«

Wenn ich eines nicht ertragen kann, dann ist es das Gerede von der Metropole Ruhr. Das Ruhrgebiet ist alles andere als eine Metropole, es ist eine Zusammenhäufung von eher unwichtigen Städten, die einander vor allem durch Eifersucht verbunden sind. Jede Stadt hat hier das Gefühl, ungerechterweise im Schatten der anderen zu stehen, dabei gibt es gar keine Leuchtquelle, die für Schatten sorgen kann. Hier ist es meistens einfach dunkel. Dieses Metropolengequatsche ist nichts als peinlicher Provinzialismus. Es gibt im Ruhrgebiet keinen funktionierenden Nahverkehr, keine gemeinsame Planung und keine gemeinsame Außendarstellung – die Politik ist nicht in der Lage, solche Selbstverständlichkeiten zu organisieren, berauscht sich aber an dem Bild der Metropole.

Beschwere ich mich in Gesprächen mit Politikern darüber, höre ich immer, dass es doch besser sei als noch vor zehn Jahren. Das stimmt. Aber es klingt ein wenig so, als erkläre man einem Alkoholiker, er tränke jetzt nur noch zwei statt drei Flaschen Schnaps am Tag. Prima.

Ob dass Ruhrgebiet das Zeug zu einer Metropole hat? Keine Ahnung. Ich weiß nur, dass das, was wir hier im Moment haben, mit Sicherheit keine Metropole ist. An den Menschen liegt das nicht, sie sind viel weiter als die Politiker. Die haben zumeist nicht mehr als Kleinstadtformat und würden es nicht einmal in den Magistrat von Frankfurt schaffen.

Stefan Laurin, 44, verantwortlicher Redakteur des Journalistenblogs Ruhrbarone.de*, Bochum*

Der Mensch als solcher oder: We »R« Family

Dreizehn lange Jahre musste ich im Wuppertaler Exil leben. Mann, ich hab gelitten wie'n Hund. Und auch wenn mich meine Arbeit fast täglich heim nach Bochum führte: Man verlernt doch die einfachsten Benimmregeln, die im Ruhrgebiet gelten. Da geh ich doch neulich samstags durch meine neue Stadt, Dortmund, es geht gegen Ende November, frisch aufgebaut grüßt die Guinness-Tanne auf dem Hansamarkt. Die kennen Sie doch? Fünfundvierzig Meter hoch, aus 1700 Rotfichten fachmännisch zusammengesetzt und seit Jahren immer wieder, tataa: der größte Weihnachtsbaum der Welt! Es ist also Adventszeit, meine erste in der Westfalenmetropole.

Und das sollte doch genau jetzt mit einem Pilsbier gewürdigt werden.

Die urige Gastwirtschaft Zum Alten Markt ist brechend voll, es ist kurz vor dem Spiel BVB – Freiburg, Samstagseinkäufer haben es sich gemütlich gemacht und schmausen Deftiges, und dann komme ich. Die nette Tresenfrau hat eine ondulierte Blondfrisur wie eine explodierte Fellkopfstütze, und »Oh!«, plappere ich laut auf die Dame ein wie der Prinz von Zamunda, der seinen Nachbarn einen Guten Morgen wünscht, »oh, geben Sie mir doch bitte von dieser runden Backwerkspezialität aus der Vitrine, Salzkuchen genannt, in kühnem Schwunge bestreut mit Kümmel und grobem Salz und reich belegt mit durchgedrehtem, fein gewürzten Schweinefleisch und gehackten Zwiebeln. Dazu hätte ich gern eins dieser köstlichen Dortmunder Biere, aber in der kleinen Variante, zügig gezapft! Sieben Minuten lang will ja heute kein Mensch mehr auf sein Pils warten. Und zum Hinunterspülen einen klaren gebrannten Schnaps aus Westfalen, bitte!«

Jäh verstummen die Gespräche. Mienen versteinern, Totenstille. Der ausgestopfte Eber an der Wand verdreht seine blutunterlaufenen Augen. Eine Tür knarrt im Wind. Westfälische Nackenmuskeln straffen sich, auf der Empore wird ein Colt gespannt. Ich habe einen tödlichen Fehler gemacht. Mein Mund ist trocken. »Ha«, krächze ich fast unhörbar. »Ha ha. Ich meinte natürlich …«, und jetzt wieder laut und voller Zuversicht krähend: »Ain Mett, ain Durch, ain Korn!«

Tosend setzt die Musik wieder ein. Wildfremde Menschen liegen sich schluchzend in den Armen. Knarzige Oppas schlagen mir anerkennend auf die Schultern. Zutrauliche Dortmunder Jungfrauen herzen mich, ein Chor jubiliert. Ja, ja, jaa! Ich bin wieder daheim im geliebten Ruhrgebiet, aufgenommen in den Schoß der Familie. Danke, Doatmund, danke!

Ist Ihnen zu weit hergeholt, he? Aber genau so hat sich das zugetragen, also fast. Die Rührung, die Sen-ti-men-ta …, also wenn man sich heimlich kneifen muss, weil es wieder so schön ist, das ist Ruhrgebiet. Dagegen kann man sich gar nicht wehren, auch wenn dieses Gefühl so kitschig ist und man das alles gar nicht mehr lesen mag mit der Kumpelsolidarität, und dass die komischen Ureinwohner hier mit Grubenlampen auf der Stirn geboren werden und den kleinen Leuten ein großes Herz zwischen Ruhr und Lippe schlägt.

Aber lesen Sie mal, wie das vor über einem halben Jahrhundert war. Wenn die große alte Dame des

Bochumer Schauspielhauses, die Film- und Theaterschauspielerin Tana Schanzara, eine gute Kollegin und enge Weggefährtin Jürgen von Mangers, die frühen Fünfzigerjahre aufleben lässt, schwingt ein wenig Wehmut nach einer vergangenen Zeit mit. Eine Zeit, in der es mit dem Bus zum »Auswärtsgastspiel« etwa nach Duisburg ging und der Bus im Winter an Steigungen mit vereinten Kräften geschoben werden musste.

Tana Schanzara, gebürtig aus Kiel, ist an ihrem 83. Geburtstag im Dezember 2008 gestorben, als hoch geachtete und geliebte »Bürgerin des Ruhrgebiets«. Mir erzählte sie einmal beim Piccolöchen, wie sie und »Jülein« (so nannte sie von Manger noch Jahrzehnte später) zusammen am Theater in Gelsenkirchen spielten. Jülein machte gerne seine damalige Zimmerwirtin nach, eine gestrenge alte Dame mit Thrombose. »Heute lach ich darüber nicht mehr mit meinen kaputten Hüften«, schmunzelte Tana, aber damals habe sie manchmal auf ihrem Zimmer Risibisi für ihre Freunde vom Ensemble gekocht, »und ich habe noch vor Augen, wie Jülein auf dem Bett lag, sich das Risibisi direkt aus dem Topf reinschaufelte und dabei Geschichten erzählte.« Auch an ihren gemeinsamen freien Tagen hatte die Schauspielerei nicht frei. Man stelle sich die Freunde vor – Jürgen von Manger, gebürtig aus Koblenz, war gerade Anfang dreißig –, wie sie sonntagmorgens mit der Straßenbahn zur Ruhr fahren und Jülein einen Liliputaner namens Kläusken erfindet. Wie sie mit Kläusken sprechen, ihn an die Hand nehmen oder sich zu ihm hinunterbeugen und mit ihm schimpfen, und wie der misstrauische Schaffner – Hunde sind in der Bahn verboten – besänftigt wird: »Nee, dat is kein Hund. Komm doch ma vor da, Kläusken, und sach dem Herrn guten Tach!« Das ist unser berüchtigter, oft ins Surreale kippender Pommesbudenhumor. Wobei mir einfällt: Dittsche, komm endlich heim! Dass das Fernsehen lügt, ist uns allen ja klar. Aber so dreist?! Da sendet der WDR (sic) die kühne Kultsendung »Dittsche – Das wirklich wahre Leben« und behauptet, der geniale Olli Dittrich stehe in einer Hamburger Pommesbude. Lachhaft. Dittsche ist einer von uns! Das sach ich euch jetzt.

Unsere Männer riechen nach Pitralon

Warum gibt es im Ruhrgebiet so viele »Originale«? Aus drei Gründen. Unser dröger, lakonischer, oft selbstironischer Humor erklärt sich aus dem maulfaulen westfälischen Erbgut und dem Arbeiterwortschatz, mit dem man im Lärm der Zechen, Stahlwerke und Fabrikhallen haushalten musste. Keine Zeit für elaborierte Codes.

Die Toleranz gegenüber Abweichlern von der Norm ist dagegen schlicht pragmatisch: Es gab einfach keine Norm und gibt sie bis heute nicht. Wo Menschen aus ganz Europa mit dem ihnen je eigenen bäuerlichen oder kleinbürgerlichen Hintergrund, mit den ihnen je eigenen Ansichten zu Familie, Ehre und Benimm zusammentrafen, einigte man sich notgedrungen auf die Grundwerte »Respekt« und »Arbeit«. Rituelles Über-die-Stränge-Schlagen, wie es sich bei Europapokalgewinnen, Christopher Street Days oder Love Parades entlädt, wird unter Anteilnahme der Bevölkerung bis in die frühen Morgenstunden ordentlich abgearbeitet. Schwulen gegenüber sind wir grundsätzlich nicht unfreundlich, wenn wir sie auch eher kopfschüttelnd akzeptieren. Sagen wir mal: Wir pflegen einen tendenziell wertkonservativen Umgang mit Minderheiten und Exoten. Flatternde Hedonisten sind wir ganz sicher nicht. Eher latente Machos, die gern mit heiserer Stimme einen kernigen Spruch aus dem Dunkel der Handwerkskammer zum Besten geben: »Messer, Säge, Schwanz, die benutzt man ganz.«

Und die dritte Komponente? Hat mit Abgrenzung und Trotz zu tun. Bis weit in die Achtziger hinein trugen wir einen ausgewachsenen Minderwertigkeitskomplex mit uns herum. Wir sprachen zwar immer noch komisch, hatten jetzt aber Universitäten. Wir durften also mitreden – und wurden es prompt nicht müde, in die Welt zu krähen, dass wir im Ruhrgebiet auch ganz viele Theater und Museen haben wie die »richtigen« Metropolen. Dieses ständige Betonen des prinzipiellen Gleichseins, Auch-Könnens und Auch-Habens: Meine Güte, war das peinlich!

Erst als wir uns zu dem bekannten, was es nur im Pott gibt, nämlich eine kritische Mischung aus gigantischen Industriekulissen und verhaltensauffälligen Einwohnern, wurden wir bundesweit beachtet und gefeiert. Über unseren komischen Dat-und-Wat-Dialekt etwa hat sich ganz Deutschland verächtlich gemacht, bis Jürgen von Manger kam und uns eine sprachliche Identität gab. Es lief in den Sechzigern keine mir bekannte Familienfeier, ohne dass sein Tegtmeier aufgelegt wurde, der »Schwiegermuttermörder« oder die »Fahrprüfung«. Warum die Erwachsenen über ihn Tränen lachten, wussten wir nicht genau; wir hatten noch kein Gespür für ihr fieberndes Entsetzen über den Nestbeschmutzer, oder war es der Dünkel knapp aufgestiegener Mittelschichtler?

Was aber fanden wir Kinder komisch an diesen Schnurren? Dass der Mann so breit ruhrpöttisch sprach, wie es uns von Schule und Eltern untersagt wurde, machte ihn interessant. Dass er ein »einfacher Mann« war und liebenswert-naiv, wenn auch wohl ein bisschen dumm, machte ihn sympathisch und stellte ihn auf eine Stufe mit uns Kindern. Dass es in seiner Welt aber andere Erwachsene wie den Staatsanwalt oder den Fahrlehrer gab, die erkennbar in ihrer Ordnung gefangen waren und sich in seiner Unordnung verstrickten, machte ihn offenbar gefährlich. Den meisten Nachhall bewirkte allerdings ganz sicher sein kategorischer Imperativ: Mensch bleiben! Dieser Tegtmeier hat uns so beeindruckt, dass wir manchmal mit unseren Bonanzarädern zu Jürgen von Mangers Bungalow am Herner Hölkeskampring gepilgert sind, leider war er selten zu Hause.

Wie ich den Ruhrgebietler heute sehe? So bodenständig und verstockt, so langmütig und weltoffen wie eh. Viele heutige Omas in ihren Omamänteln sehen genauso aus wie die Omas in den Omamänteln der Sechziger. Damals verband ich den Begriff »Zukunft« mit dem Wegsterben dieser alten grauen

Frauen. Denkste. Ihre Töchter sehen genauso aus. Oder sind es etwa immer noch dieselben Omas? Werden ja immer älter.

Auf der Männerseite hat sich durchaus vereinzelt der Typ gehalten, der enge taubenblaue Anzüge mit breiten Revers trägt und am Sonntagvormittag mit dem Taxi zum Frühschoppen fährt. Er riecht nach Pitralon, und sein Haar ist nass gescheitelt; früher hätte er allerdings einen Hut getragen. Als Kind der Sechziger- und Siebzigerjahre dachte ich immer, diese karierten Jacketts und verwitterten Säuferphysiognomien verschwänden irgendwann einmal. Sie sind immer noch da; insgeheim liebäugele ich damit, mich im Alter diesem Style anzunähern, allerdings mit schicken Sneakers kombiniert. Nur Einbeinige gibt's nicht mehr so viele.

Andere Schublade: unsere Reichen. Die wirklich Reichen mit dem ganz großen Geld – Mülheim an der Ruhr galt viele Jahre lang als Stadt mit der höchsten Milliardärsdichte Deutschlands – leben zurückgezogen und wirken völlig unscheinbar. Sie würden nie mit Scheinen um sich werfen. Okay, sie rollen nicht gerade ihre Autos matt schwarz, um in der Siedlung nicht aufzufallen. Aber so etwas bodenständig Ruhrgebietlerisches haben sie doch. Als Quintessenz eines Gesprächs am Runden Tisch, das ich mit Vertretern der gehobenen Dortmunder Gastronomie führte, kam Folgendes heraus: Reiche Westfalen wollen nicht dabei erwischt werden, wie sie Sternerestaurants besuchen, und wer Maßschuhe kaufen will, tut das nicht auf dem Westenhellweg, sondern fährt nach Düsseldorf. Andere Wohlhabende hingegen haben sich eine geliehene Fassade aufgebaut. Wo sie Reichtum zeigen wollen mit wehenden Trenchcoats und widerspenstigen Silberlocken, die Gattin sonnenbankverludert in Leopardenoptik oder erfolgreiche Ententuchfrau im Max Goldt'schen Sinne, da wirken sie durchschaubar und lächerlich wie andernorts die gleichen Vögel auch. Es sind hier aber keine Filmleute, Bussi-Bussi-Adabeis oder echte Tycoons, sondern gestandene Mittelständler mit Moos. Stellen Sie die aber an den Tresen und füllen Sie die ordentlich ab, fangen die genauso zu singen an wie der Nachbar im sportiven Proletenlook. Irgendwann und tief drin sind sie alle nur Manni.

Nächste Gattung: Die heutige Meinungsführerschaft der Mittdreißiger bis Endvierziger, so sie aus Medien und ehemaliger Subkultur stammt, ist heute ähnlich vertraut miteinander wie die untergegangene Generation der Kumpel und kleinen Arbeiter. Es ist oft der Typ des gekonnt verwahrlosten Intel-

lektuellen, des Fußballkenners und Ex-Ohrringträ-
gers. Das ist eine großartige Beobachtung meines
Kumpels Zappo aus Duisburg, und der ist immerhin Künstler und Meisterschüler der Düsseldorfer Akademie: Die heutige Kulturelite im Ruhrgebiet, schwer pilsgeschädigt und gut abgehangen,
erkennt sich gegenseitig an ihren leeren Löchern im
Ohr. Denn Metall im Gesicht, gar ein Brauenpier-
cing, tragen ja nun wirklich nur noch Prolls und
die fehlgeleitete Jugend. Wie dem auch sei, dieser Typus steht in einer beliebigen Stadt am Tresen,
kommt schnell ins Gespräch und duzt sich grundsätzlich. Meine liebe Kollegin Heike aus Hagen, eine
bekannte Art Directorin, behauptet gar: »Ich duze
alle! Damit müssen die eben klarkommen.« In der
Tat, Siezen tun nur Kinder (auch nur meistens) und
suspekte Anzugträger der Generation Golf. Und
Fremde natürlich. Wer aber dreimal an der gleichen
Bude kauft, wird geduzt.

Beschneidungsfest mit Ali von nebenan

Die große Mehrheit der Ruhrgebietler ist genauso
okay oder langweiliger Mainstream, hat die gleichen
Visionen vom Leasingauto oder All-Inclusive-Urlaub

wie der Rest der Republik. Wir gehen, falls vorhanden, zur Arbeit wie jeder in Deutschland, ziehen hübsche Schühchen an und schicken unsere Kinder zum Gymnasium. Trotzdem sind wir irgendwie anders: Wir werden vor allem als Klischee wahrgenommen und glauben womöglich manchmal selbst an dieses Bild. Nicht nur, dass alle Leute im Ruhrgebiet grundsätzlich so aussehen, als würden ihnen Aldi-Klamotten wie angegossen passen. Nicht nur, dass wir die Nachbarin jahrelang »Tante« nannten, weil es wenig Fluktuation in der Zechensiedlung gab und man sich über Generationen kannte. Wir definieren uns ja immer noch über unsere Dörfer und kommen zunächst einmal aus Sodingen, Weitmar, Rheinhausen, Buer-Hassel, Saarn, Frohnhausen, Hillerheide, Eisenheim und Hörde. Und erst dann aus Duisburg, Essen, Bochum, Dortmund.

Gesprochen wird gebeugtes Hochdeutsch mit polnisch-westfälisch-italo-türkischem Einschlag. Wir feiern Weihnachten und das Beschneidungsfest mit dem Kollegen Mehmet Ali und seiner Frau Zerah von nebenan, er repariert unser Auto, wir übersetzen ihm den Wisch von der Ausländerbehörde, und »Schejß Tierken, kennen kein Deitsch!«, schimpft bei uns in der Siedlung nur die alte Spätaussiedlerin. Samstags treffen wir uns im Baumarkt, weil 26er-

Knetmuffen im Angebot sind, und verwahren unsere Schätze in Kellern, Schuppen und Garagen. Wir sind Frickler, Sammler, Bastler und Bewahrer, weggeschmissen wird nix. In 20 Metern Anstandsabstand von der Bude, die wir Bude nennen, obwohl doch groß Trinkhalle drübersteht, trinken wir unser Export und labern Stuss. Wir wählen immer noch zähneknirschend SPD, auch wenn die Grünen in den Universitätsvierteln mittlerweile selbstbewusst an der 15-Prozent-Tür klopfen, und manchmal wirkt es, als verliefen die Gräben zwischen den Generationen höchstens zwischen Skat und Skaten, zwischen Grillen und Graffiti. Ansonsten bleiben wir Mensch und alles ist paletti, und wenn der Sommerabend kommt, summen wir gemeinsam den Klassiker »Summertime im Pott«:

>> *Schrebbagaatn*
Und dat Lehm is eimfach
Frosch am hüppen
Und der Kotten nah bei
Dein Vadder grillt
Unnti Mudder am kochen
Kein Hasch, lieber 'n Pilsken in
Dortmund-Kley «

Buddha sagt zwar: »Das Gegenteil einer großen Wahrheit ist auch wahr.« Aber ich kann mir nicht helfen, die Klischees sind schon verdammt nah dran. Wie anders ist es zu erklären, dass Manfred Konieczny aus Dortmund-Marten sich einen eigenen Stollen unter seinem Garten gebaut hat, komplett mit Balken und Grubenlampen? Warum halten die Hagener Schwestern Agnes und Gertrud Reffelmann den deutschen Mietrekord? Von 1920 bis 2005 – geschlagene 85 Jahre – wohnten sie in ein und derselben Mietwohnung, was ihnen am Ende ihrer Tage gar einen Vertrag als Senior-Models der Hagener Wohnungsgesellschaft einbrachte. Wieso hat man unter 16 000 NRW-Streifenpolizisten ausgerechnet Torsten Heim und Thomas Weinkauf ausgesucht? Die beiden Bochumer sind als »Toto & Harry« längst TV-Kultstars, ihre Streife führt sie in die barock möblierten Wohnungen renitenter Malocher und in die Vorortviertel kleinkrimineller Verkehrssünder, aber wenn neben dem Bochumer Polizeipräsidium der nächtliche Förderturm über dem Bergbaumuseum leuchtet, wird alles, alles gut. Weshalb spielte der Liedermacher Stefan Stoppok auf einem Benefizkonzert in der unglaublichen Essen-Rüttenscheider Eckkneipenlegende Ampütte, in der man bis morgens um vier noch astreine Suppen, Steaks und

Schnitzel bekommen kann? Weil Günni Semmler tot ist. Günni Semmler, der skurrile Kauz mit dem Akkordeon, der nachts durch Essens Kneipen zog und sein Containerlied spielte, bis er rattendoll war. Für eine Beerdigung fehlte das Geld, deshalb das Konzert. Heute steht sein Denkmal auf dem Isenbergplatz im szenigen Essener Südviertel.

Natürlich hängt alles mit allem zusammen

Sehen Sie, es ist alles wahr, von den Sonderlingen über die kleinen Leute bis zur Solidarität. Es gibt eine Grundmelodie, einen bestimmten Tonfall, fast einen Code. Er liegt in der Mentalität der Leute vergraben und in ihrem Umgang mit der Sprache. Es ist das, was bei uns »von Hölzken auf Stöcksken kommen« heißt. Linguistisch vielleicht etwas vornehmer ausgedrückt: Man mäandert hier gern durch die generative Transformationsgrammatik wie glückliche Sonntagsausflügler auf einem verschlungenen Waldlehrpfad mit seltenen Blumen und auch mal einem Fitness-Schwebebalken neben dem Fichtenknüppelparcours. Heißt: Der Ruhrgebietler als solcher ist ein Mäandertaler. Dass alles mit allem zusammenhängt, wie es uns unwiderlegbar die Chaostheorie nahegebracht hat, ist im Pott ein alter Hut. Selbstverständlich hängt alles mit allem zusammen. Aus genau dieser Einsicht und oben beschriebener Gemengelage nährt sich schließlich die heimische Comedy- und Kabarettszene, der wir unsere Außendarstellung eher zu verdanken haben als RWE und Thyssen-Krupp.

Wunderbar beobachtete Charakterstudien, es ist alles dabei: Hinterm Klümpchentresen der Bude steht natürlich Atze Schröder. Getönte Pilotenbrille, gepflegte Minipli, nee, is klar. Er hat den Durchblick, er kennt die Welt, er war auf Mallorca. Atze Schröder ist eine Kunstfigur, deren bürgerlichen Namen laut Gerichtsurteil des Berliner Landgerichts vom Dezember 2006 niemand veröffentlichen darf. Kein echter Ruhrgebietsintellektueller mag Atze Schröder, doch hat die humorlose Renitenz seines Erfinders, wenn's ans Eingemachte geht, auch wieder was typisch Hiesiges. Vorne an der Pilsklappe meckert derweil der verbiesterte Kleinrentner Herbert Knebel über die Rabauken in der Siedlung. Boah glaubse, er verkörpert das Opfer des Strukturwandels, seine Welt ist untergegangen. Ein Ewiggestriger. Immer aktuell dagegen ist die Vorort-Frauennamen-Schunkelnummer à la Ingo Insterburgs 1973er-Hit »Ich liebte ein Mädchen«. An diese dankbare Aufgabe hat sich der Duisburger Ludger K. getraut, der zwar zahllose Liebschaften in Essen-Steele (Adele), Kupferdreh (Desirée) und Kettwig (Hedwig) hat, aber »No Woman in Kray«. Du Weichei!

Andere sind da schneller, brutaler, erbarmungsloser. Von Hagen Rether etwa, einem in Bukarest geborenen Essener, stammt nicht nur die Erkenntnis, dass ganz Essen von Autobahnen durchzogen ist, von Ost nach West, von Süd nach Nord: »In zwei Minuten biste draußen.« Nein, der böse Rether verrät auch, wie sich das Nachhausekommen anfühlt: »Und wenn du wieder reinfährst, denkste: Wenn Essen so aussieht, wie ist denn dann Kotzen?« Aua. Auch nicht gerade harmlos geriert sich Uta Rotermund, wenn sie schon heute der Frauen-Fußball-WM 2011 ein »Gib mich die Kirsche!« entgegenschmettert und sich in lesenswerten Kolumnen für die doch arg bräsige *Westfälische Rundschau* ihre Gedanken über die Frau jenseits der fünfzig macht. Botox oder Bärenticket? Schwester im Geiste ist die wunderbare Gerburg Jahnke aus Oberhausen, die auf WDR 2 und in schönen Solosketchen ihr Klimakterium Foxtrott tanzen lässt.

Piet Klocke trägt Zidane-Trikots

Meist aber geht's um Fußball. Fritz Eckenga, der in der Welt der Baumärkte zu Hause ist, hat sich und seinen trockenen Witz bei Fußball-Großveranstaltungen unentbehrlich gemacht. In aller Frühe, etwa in gemeinsamen Auftritten mit Sportmoderator Peter Großmann und Fußballlehrer Jörg Berger im ARD-Morgenmagazin, haben seine kennerischen Anmerkungen allerdings etwas quälend Godot'sches. Ich mag ihn jedenfalls lieber, wenn er, ein guter Koch, öffentlich am Herd steht und ansonsten laut Eigenaussage »einen blickdichten Teil der Stadt Dortmund« bewohnt und »das aggressive Wachstum seines Liebstöckelbusches zu begrenzen« sucht. Und Professor Schmitt-Hindemith? Piet Klocke, der sich beim Sprung aus kleinbürgerlichen Verhältnissen in der intellektuellen Eloquenz der ... wo doch die Akademiker bekanntlich ... aber es stimmt doch auch, Herrschaften! Klocke spielt übrigens gern Fußball und trägt dabei Zinedine-Zidane-Trikots! Das würde Frank Goosen niemals tun, obwohl auch er wie Klocke und Eckenga (beide BVB) natürlich ein glühender Anhänger hiesiger Bundesligakunst ist. Hallo? Kunst? Goosen ist der Härteste und geht zum VfL. In monatlichen *Marabo*-Kolumnen (damals) und immens erfolgreichen Büchern (seitdem) schreibt der Glatzenmann über die Bochumer Alleestraße und wie man das Leben im Ruhrgebiet meistert, wenn man dort pophistorisch sozialisiert wurde. Unser Nick Hornby, nur dicker.

Und mittendrin in all der Pracht sitzt ein kleiner Mann mit einer Fernbedienung in der Hand und lässt das Rolltor zu seinem Grundstück zufahren. Es steht aber noch ein Jaguar in der Einfahrt, mit Buddy Casino drin, egal. Auf und wieder ein Stückchen zu, und dann wieder auf. Helge Schneider hat Spaß. Die Szene ist jetzt einige Jahre her, unwahrer wird sie dadurch nicht. Mit seinen atmosphärischen Jazz-Heimatfilmen, die mehr über das wirkliche Leben im Ruhrgebiet erzählen als alle Merianhefte zusammen, mit seinen endlosen Geschichten, Krimis, Wusicals und Hörspielen, mit »Quatsch« also, hat der faule Mülheimer Schulschwänzer einen Haufen Geld verdient. Bis auf ein paar Peugeots und komische Motorräder hat er alles in ein Wohnzimmer gesteckt, wie wir es uns alle exakt so einrichten würden, wenn wir bloß auch so faul wären wie Helge. Jukebox und Konferenztisch, Lotterbett und Schnapsvitrine, Perserteppich und Stereoanlage, Hutständer und Hubschrauberlandeplatz. Ein cooler Bürger des Ruhrgebiets.

Das war alles. So sind wir hier. Deshalb stehn wir anner Ecke anner Bude mit ner Fluppe, München und Hamburg sind uns völlig schnuppe. Ach hallo Missfits, singt doch bitte noch mal wie früher »Lieber auf'm Gasometer im Sturmesbrausen, und alles watte siehs is: Oberhausen ...«

Elf Freunde (6):
»Klappstuhl statt Kanonen«

Immer, wenn ich in Essen über die Fußgängerbrücke zwischen IKEA und Colosseum gehe, wird mir die Veränderung klar, die das Ruhrgebiet in den letzten Jahrzehnten durchgemacht hat.

Früher gehörten die Hallen, in denen der Möbelgigant und das Musical-Theater untergebracht sind, zu den Krupp'schen Fabriken, und noch in meiner Kindheit fuhren kilometerlange Eisenbahnzüge mit flüssigem Stahl über diese Brücke und kreischten, dass es mir eiskalt über den Rücken lief. Über 100 Jahre lang wurden hier Kanonen gegossen und Granaten gefüllt, heute werden hier Klappstühle verkauft und Andrew-Lloyd-Webber-Songs geträllert.

Ich glaube, das ist durchaus ein zivilisatorischer Fortschritt.

Peter Krauskopf, 51, Chefredakteur des eingestellten Ruhr-gebiets-Magazins Marabo, *Essen*

Mit Bus und Bahn
im Dauerstau

Das Türkengirl im Fliederburnus / Steigt schimp-
fend in den Niederflurbus: »Warst du gestern Ladys
Night?«, fragt die Verhüllte ihre Freundin im aufge-
brachten Pidgindeutsch, und es folgt eine deutsch-
türkische Tirade über den Türsteher der Disco, über
Getränkepreise, schlechte Musik und doofe Typen.

Busfahren im Ruhrgebiet ist so dankbar, man
fühlt sich glatt wie Luther, der dem Volk aufs Maul
schaut. In Straßenbahnen, Bussen und S-Bahnen
versammeln sich nämlich traditionell die berühmten fünf A: Arme, Alte, Ausländer, Auszubildende –
und Asis. Was natürlich ein Vorurteil ist, denn »asi«
sind wir hier alle ein bis, ken. Leute mit Aldi-Tüten,

Leute in billigen Turnschuhen, Leute mit tiefen Falten im Gesicht, Leute, denen man das tägliche Bier und die vielen Jakordia-Gedrehten ansieht.

Ich bin zu der sehr angenehmen und für mich beruhigenden Erkenntnis gekommen, dass man sich unter diesen normalen Leuten gegenseitig instinktiv vertraut und eine gemeinsame kommunikative Ebene bewohnt. Hier ist Zuhause, Mama. Jemand im teuren langen Kaschmirmantel mit Jackett und Krawatte, der erkennbar Anwalt oder sonst »etwas Besseres« ist, muss dagegen erst um Vertrauen buhlen; man will mit dem zunächst nichts zu tun haben, er gehört zur »anderen Welt«. Sehen Sie, unsere Universitäten sind ja erst in der zweiten Hälfte der Sechziger gegründet worden; wir hatten für den gelassenen Umgang mit Akademikern erst eine Generation Zeit. Jemand in teurem Zwirn muss sich an der Pommesbude erst mal mit Schaschliksoße bekleckern und entsprechend fluchen, oder am Tresen wie selbstverständlich »Machsema'n Pils« zum Zapfmaster sagen, dann wird man in der Runde anerkennend nicken und ihm bei Gelegenheit »Biss ja doch'n Töfften« attestieren.

Wie auch immer, man arrangiert sich untereinander. Zum Beispiel in der engen Straßenbahn. Abenteuerlich frisierte Punks heben bereitwillig

Kinderwagen von Afrikanerinnen herein, Bürotussen im Kostümchen freuen sich giggelnd auf den nächsten Brückentag, soeben noch vorlaute Türkenjungs mit Gelfrisuren und Handys im Dauergebrauch bieten höflich der Oma mit dem Krückmann einen Platz an, kleine blonde Kinder studieren neugierig die zwei abgerissenen Typen mit den fettigen Haaren und den klirrenden Pilsflaschen. Man liest die *BILD*-Schlagzeilen über die Schultern des Vordermannes, schimpft über Hartz IV und bespricht auf Polnisch die Sonderangebote vom Lidl. Es gibt Strecken und Uhrzeiten, da ist man der einzige deutsche Muttersprachler im Bus. Manchmal ist man vielleicht auch der Einzige mit halbwegs geregelter Arbeit. Wenn auch Bücherschreiben natürlich keine »richtige« Arbeit ist. Vor allem aber lehrt die tägliche Fahrt mit Bus und Bahn Demut. Demut gegenüber Wetter, Zeit und Mitmenschen. Was ist schon eine bequeme Solofahrt zur Arbeit, allein im Auto mit WDR 2, gegen den Geruch feuchter Novembermäntel in einem vollen Bus? Wenn man unterwegs noch regen Sozialkontakt mit Bäckerin, Zeitungsmann und Fahrkartenkontrolleur hatte …

Oder auf schönen grauen Nebenstrecken an den Hinterhöfen der Emscherstädte entlang, über Herne, Wanne-Eickel, Gelsenkirchen und Oberhausen. Übrigens Teil der historischen Köln-Mindener Strecke, die das Ruhrgebiet Ende der 1840er-Jahre überhaupt erst erschloss. Spätestens in den 1980ern war die Strecke hoffnungslos verlottert, die zugigen »Silberpfeile« (sehr alte Wagen mit Blechverkleidung) über und über mit Graffiti besprüht, die Bahnhöfe schlimm heruntergekommen. Pissegeruch in den Tunnels. Auch hier wirkte die IBA Emscher Park Wunder; als eins ihrer wichtigsten Projekte wurden die genannten Bahnhöfe entkernt und renoviert. In Oberhausen, Wanne-Eickel und vor allem Herne kam wunderschöne alte Bausubstanz zum Vorschein. Heute sind das richtige Schmuckstücke mit bleiverglasten Fenstern, und die Leute nehmen die Strecke wieder an, weil sie sicher und sauber ist.

»Was uns verbindet« heißt ihr Werbeslogan, den ich 1999 als Gelegenheits-Werbetexter erfand und immerhin 3000 DM dafür einstrich. War ich stolz, als die großen Banner mit dem Spruch an den Bahnhöfen hingen! Nichts habe ich in meiner führerscheinlosen Zeit so gern gemacht wie auf der Hauptstrecke durchs Ruhrgebiet, der West-Ost-Achse von Duisburg über Mülheim, Essen, Bochum und Dortmund, oben in einem Doppeldecker-Regionalzug zu sitzen, im Westfalen-Express oder NRW-Express, und aus dem Fenster zu sehen. Und dabei eine liegen gebliebene zerfledderte *BILD*-Zeitung zu lesen und die Heinis vom Nebensitz zu belauschen, Gesichter Asiens zu studieren, Schicksale zu ergründen. Ob Sie es glauben oder nicht, an verregneten Sonntagen, wenn mir zu Hause die Decke auf den Kopf fiel, schnappte ich mir manchmal meine *ZEIT* oder das wunderbare Feuilleton der *Frankfurter Allgemeinen Sonntagszeitung* und verbrachte den Nachmittag cruisend im Zug. Beim rund um die Uhr geöffneten Chinesenstand im Dortmunder Hauptbahnhof 'ne Dose Paderborner kaufen und dann einfach bis Düsseldorf dösen und lesen und durch tropfennasse Scheiben sehen. Kurz an den Rhein, im Uerigen ein paar kleine Alt, und dann über Wuppertal, wo es meistens regnet und die Schwebebahn quietschend über die Wupper gondelt, und Hagen wieder zurück. Eine perfekte landeskundliche Rundreise! Wenn Sie die Anschlüsse kennen, die Züge pünktlich sind und Sie sich nicht weiter in Düsseldorf aufhalten wollen als nötig, schaffen Sie diese Tour in exakt 126 Minuten.

Wer reißt der toten Gans den Kopf ab?

Ich empfehle, während der Fahrt mit einer russischen Lomo aus dem Fenster zu knipsen und kühn verwackelte Bilder zu produzieren, es gibt eine Menge zu dokumentieren! Zuerst das Dortmunder »U«, das unter Denkmalschutz stehende Kerngebäude der alten Union-Brauerei. Es ist eins der Leuchtturmprojekte der Kulturhauptstadt und beherbergt mit seiner Eröffnung 2010 die personifizierte Kreativwirtschaft im Sinne Professor Dieter Gornys. Selbstverständlich ist das riesige »U« oben auf dem Dach mit Blattgold belegt, Bier war ja einmal eine Schlüsselindustrie und hat Dortmund zur größten Bierstadt Europas und zur zweitgrößten weltweit nach Milwaukee gemacht. Ist zwar vorbei, diese Zeit, aber richtig gutes Bier wird hier selbstverständlich immer noch gebraut: Brinkhoff's, Kronen, Hövel's, Thier und wie sie alle heißen. Darf ich kurz einflechten: den Bierstreit im Jahre 2004. Das berühmte Dortmunder »Stößchen«, also das schnell gezapfte 0,1 Liter-Glas, war akut in Gefahr – weil die kleinen Gläser keinen Eichstrich hatten und damit gegen geltendes Recht verstießen. Mittlerweile, Sie können sich die Leserbriefseiten vorstellen, werden wieder Stößchen gezapft, nun natürlich mit Eichstrich!

Elf Minuten später die Bochumer Twin Towers... okay, eigentlich nur das Holiday Inn mit seinen geschätzten neun bis zwölf Stockwerken neben Richard Serras vor sich hin rostenden »Terminal«, aber in Bochum gibt's nun mal nix Höheres. Wattenscheid besteht aus Häuserwüste und flachem Hinterland, und das große gelbe »M« (»the big yellow tits of America«) am Ruhrschnellweg ist wohl der städtebauliche Höhepunkt dieser 1975 nach Bochum eingemeindeten Stadt, die sich allerdings einmal im Jahr, am Rosenmontag, mit ihrem »Sevinghauser Gänsereiten« recht pittoresk hervortut. Das ist ein höchst umstrittenes archaisches Ritual, bei dem ein Reiter versuchen muss, einer kopfüber an einem Seil aufgehängten toten Gans den eingeseiften Hals zu packen und ihr den Kopf abzureißen. Na, Schwamm drüber, kurz danach kommt Essen.

Essens Skyline als einzig wirklich großstädtische Kulisse des Ruhrgebiets mit dem Rathaus rechts, dem höchsten der Republik (was aber kein Qualitätsmerkmal ist!) und dem architektonisch sehr gelungenen neuen RWE-Turm links, dem höchsten Bürogebäude Nordrhein-Westfalens. Dazwischen ein paar markige Neon-Ausrufezeichen wie eine Hochhaus gewordene Entrepreneurgeschichte des Ruhrgebiets, angeführt vom Meinungsmonopolisten *WAZ*. Der montägliche Sportteil der *West-deutschen Allgemeinen Zeitung* dürfte jahrelang der Hauptgrund für den Erwerb des Blattes gewesen sein. Mittlerweile kann man aber auch den Politikteil lesen.

Mülheim, die Stadt der Milliardäre, Firmensitz von Feinkost Albrecht und Tengelmann, hat einen alten Hauptbahnhof in schnuckeligem Nachkriegsgrün, nebenan ein großes City-Center und auf der anderen Seite die Eppinghofer Straße mit einem Dutzend türkischer Lebensmittelläden. Zwischen Mülheim und Duisburg weiden Schäfer ihre Herden, die Ruhr fließt idyllisch durch die Ruhrwiesen, am Kreuz Kaiserberg ist Stau, in der Ferne sieht man Kühltürme und Kraftwerke, es ist wunderschön! Der Knick nach Süden, geduckt und niedlich die schmucken Reihenhäuser in endlosen straßendorfähnlichen Siedlungen aus den Sixties, die in Höhe des Wedaustadions stehen.

Dann Düsseldorf, na ja. Das ist halt die Landeshauptstadt; man fährt da vielleicht mal hin, wenn man Essener ist, aber ansonsten haben wir damit nicht viel zu tun. Mit dem Rad am Rhein entlang bis Kappeshamm und vom Biergarten des Kanuvereins den Containerschiffen nach Rotterdam nachgeschaut, okay, das ist allerdings recht hübsch. Dann am südlichen Saum des Ruhrgebiets wieder zurück, durch die Felder bei Haan, Wuppertal im ewigen Schneematsch, Gevelsberg, der große Güterbahnhof in Hagen. Nach dem schönen Harkortsee bei Wetter an der Ruhr kommt Witten mit dem ehemaligen Thyssen-Edelstahlwerk direkt am Bahnhof. Hier habe ich meine Semesterferien in der Zurichterei bei Obermeister Fritz Allzeit verbracht. Nach der Frühschicht ging ich oft mit meinem bosnischen Kumpel Smail Joldic aus Jaice zu ihm nach Hause, wo seine Frau eingelegtes Gemüse und Cevapcici auftischte. Was wohl aus Smail geworden ist? Ich habe immer noch die kleine Flasche dunklen Kräuterlikör, die er mir 1981 mit den Worten schenkte: »Öffne sie nie, dann bringt sie dir Glück.«

Für Ticket-2000-Besitzer ist die Rundreise natürlich kostenlos. Ticket 2000 ist der lieb gemeinte Versuch des heimischen Verkehrsverbundes Rhein-Ruhr (VRR), seine geschätzten 37 oder auch 62 kommunalen Bus- und Straßenbahnunternehmen, die meist den jeweiligen Stadtwerken gehören, unter einen Hut zu bringen. Jedes Unternehmen, es sind korrekt bloß 24, ist selbstverständlich nur für das jeweilige Stadtgebiet zuständig; dass eine Straßenbahn mal von Witten-Heven über Bochum bis nach Gelsenkirchen fährt, muss man während der Fahrt ausgiebig feiern. Ansonsten regiert unkoordiniertes Chaos. Nichts ist aufeinander abgestimmt. Für eine Fahrt ausschließlich in Buslinien von, sagen wir, Duisburg-Rheinhausen-Friemersheim bis Bergkamen-Oberaden oder von Velbert-Langenberg-Nordrath bis Recklinghausen-Hochlarmark kann der geneigte Autoverschmäher etwa die durchschnittliche Dauer der nordrhein-westfälischen Herbstferien einplanen. Der wahre Liebhaber wird jedoch nicht lange zögern: Es geht durch pittoreske Einwohnerschwundviertel, durch wie aufgeplatzt wirkende Gewerbegebiete mit ihren Autoteile-Unger-Werkstätten, IKEAs und Kentucky Fried Chickens, durch hübsche geschäftige Vororte mit familiengeführtem Einzelhandel. Zwischen den Städten führen Strecken immer wieder auch über Land, über alte Alleen parallel zu irgendeiner Autobahn, an begrünten Kohlenhalden und Kleingartenanlagen vorbei, an Äckern und Weiden. Näher kann man seinem Ruhrgebiet nicht kommen, man muss nur Augen und Ohren aufsperren und seinen »DAT- und WAT«-Recorder mitlaufen lassen.

»Also ich will nicht sagen, dass ich nicht vielleicht mal ›nicht‹ sage«, philosophiert es da in breiter Sprache vom Vordersitz, während sich hinter mir jemand im postverbalen Gestrüpp verheddert hat:

»Also hörma, jetzt mal ehrlich, im Grunde genommen, also!« Ein nicht enden wollender Diskurs an jeder Bude, in jeder Supermarktschlange und besonders gern in jedem Bus. Es ist schon vorgekommen, dass eine Busgesellschaft gerädert am Zielort ausstieg, weil zwei studentische Tratschtanten im SB 37 vom immer zugigen Busbahnhof Sprockhövel-Hasslinghausen bis zur Ruhr-Uni Bochum so detailliert wie ungeniert die Tücken ihrer Seminararbeit, Vor- und Nachteile ihres Dozenten und den Belag der Pausenbrote einer Kommilitonin diskutierten. Der Klassiker auf der Kurzstrecke inne Stadt ist natürlich das Kleinrentnerinnengemurmel, wie der Mann letzte Woche wieder schwer mitte Bronchien gelegen hat und wat mach'se heute, Spinat mit Ei und Kartoffeln, hmm. Das Ganze endet bei älteren deutschen Frauen unvermeidlich mit dem finalen, basta-gleichen »So.« Und zwar nicht »so« mit offenem, vorne im Mund gebildeten »o« wie in »Sonne«, sondern mit einem »o«, das von unten aus dem Hals kommt, manchmal sogar mit einem Heiser-Anteil, und das nach Trümmerfrau, Schmutz-von-den-Händen-Klopfen, Befriedigung und erledigter Arbeit klingt und danach, jetzt die Ärmel hochzukrempeln und das Nächste anzugehen. So mancher, der »So« sagt, hat im Kopf wahrscheinlich den Spruch seiner Omma aus der

Siedlung: »›So‹ sacht man, wenn man wat geschafft hat.« Ältere, tendenziell verbitterte Männer schwallen in Bus und Bahn im Übrigen genauso viel, hier geht es aber vorzugsweise um Polletick und »die da oben« und dat'ses mit uns ja machen können. Jüngere Männer reden erstaunlicherweise fast mehr über Alufelgen, Downloads und ebay als über Fußball und Frauen, und wenn über Frauen, dann ebenfalls eher technisch, während Schulkinder über Dschungelcamps, Superstars und Handytöne fachsimpeln.

Bist du Schwuchtel oder was?

Richtig lieb haben die Leute ihre Straßenbahnen. In Städten, in denen man sie abgeschafft hat, trauert man ihnen noch immer nach. Als die 305 in Bochum Ende der Achtziger ihre letzte Fahrt tat, standen die Menschen entlang der Herner Straße, winkten und fotografierten. Das war die Linie, mit der ich jahrelang von Herne nach Bochum zur Schule fuhr, ich kannte jedes Haus an der Strecke. Die U-Bahn-Baustellen haben mich und alle Bewohner der B 51 etwa 15 Jahre lang verfolgt, bis es 1989 endlich unter die Erde ging: Die U 35 war weltweit die erste U-Bahnlinie, die zwei Städte miteinander verband.

Auf Bochumer Gebiet gab man sich Mühe mit der Gestaltung seiner Stationen und brachte sie mit Umgebung oder Historie in Einklang. Waldring: weiß und hellgrün gekachelt, Bäumen nachempfunden. Oskar-Hoffmann-Straße: historische Fotos alter Straßenbahnen, weil hier das Depot der Bochum-Gelsenkirchener Straßenbahnen AG ansässig ist. Bochum Hauptbahnhof: hässlich. Bochum Rathaus: einige Luftaufnahmen von der Universität und Bauernhäusern im Grünen, einige Straßenszenen von der Kortumstraße in den Achtzigern. Deutsches Bergbaumuseum: der Star der Stationen mit toller Flözgestaltung. Feldsieper Straße: rote Ziegel. Zeche Constantin: blau-weiße Kacheln und Fotos von der alten Zeche. Riemke Markt (ganz früher Riemke-Kirche, nach 1975 Riemke-Mitte, woran man die Entwicklung von der Kirchengemeinde über die kommunale Eingemeindung hin zur Konsumgesellschaft ablesen kann): Ziegel, Obst und Gemüse. Rensingstraße: stiefmütterlich. Und dann kommen wir erkennbar nach Herne ... Berninghausstraße: orange Plastiksitze, öde grüne Kacheln. Hölkeskampring: beige und braune Kacheln. Siebziger-Design, Billigware, unglaublich! Undsoweiter. Erst die Endstelle Schloss Strünkede ist dann wieder nett eingerichtet. Insgesamt jedoch ist die U 35 eine flotte, freundliche, studentische Linie, die zu den Di-Mi-Do-Stoßzeiten enorme Mengen lesenden Akademikernachwuchses zur Ruhr-Uni transportiert.

Manchmal allerdings ist der Wurm drin. Dann knistert die Luft, man wittert schon beim Einsteigen Ärger. Zum Beispiel kommt man mit ethnischen Minderheiten ins Gespräch. Das geht so: Eine der letzten nächtlichen S-Bahnen der S-1 aus Düsseldorf Richtung Ruhrgebiet. Voll. Versprengte Partypeople, Jugendliche, die nach Hause müssen, viele Betrunkene. Mir schräg gegenüber ein Vierersitz mit Marokkanern, vier junge Männer, die sich angeregt unterhalten. Ich schaue über meine Zeitung und lächle sie an, einfach weil sie so gute Laune haben. Fehler! Der eine fixiert mich böse, ich sehe seine Augen und weiß, er ist zugekokst, dann hebt er herausfordernd das Kinn und sagt tatsächlich, als habe es Kaja Yanar nie gegeben: »Was guckst du, bist du Schwuchtel oder was?« Steht dann auf, jetzt ernsthaft böse, und schreit mich an, ich soll mich hier »verzischen«. Worauf ich frage, was ihm einfällt, ich hätte ihn nur angegrinst, weil er und seine Jungs so gute Laune hätten, und natürlich würde ich hier sitzen bleiben, und das solle er auch fix wieder tun. Nach den üblichen Drohposen und Verwünschungen trollt sich der Typ. Die Leute im Abteil haben die Szene mit einer Mischung aus besoffener Neugier und Desinteresse mitverfolgt; wahrscheinlich denken sie, ich sei ein Feigling. Hinter mir sagt der junge, kräftige Türke, von dem ich das am wenigsten erwartet hätte: »Warum haust du dem Typen nix aufs Maul? Du musst aufstehen und ihn einschüchtern, sonst hat er keinen Respekt vor dir. Ich hätte dir schon geholfen.« Danke, Mann.

Aber das sind seltene Ausfälle. Der wahre Ärger sitzt woanders. In einer städtischen Agglomeration ohne urbanes Zentrum wie dem Ruhrgebiet kommt dem öffentlichen Personennahverkehr eine entscheidende Rolle zu, sollte man meinen. So gern und täglich ich aber auch den (tatsächlich von den Leuten so genannten) ÖPNV kreuz und quer durchs ganze Revier benutze, »großstädtisch« buchstabiert man wahrlich anders. Sicher, es gibt innerstädtische Nachtlinien an den Wochenenden. Wow. Tatsächlich aber sind die Taktzeiten der S-Bahnen vor allem in den Abendstunden eine Zumutung. Die Ticketpreise sind eine Zumutung, die Nord-Süd-Verbindungen sind eine Zumutung. Zur WM 2006 und dann endgültig bei den ersten beiden Love Parades 2007 und 2008 knickte der Nahverkehr vollends ein; was sollen die Leute bloß denken, wenn wir die Kulturhauptstadt im Haus haben? Insofern war auch die damalige Diskussion um den Metrorapid reine Zeit-vergeudung: Das Magnetding, das 300 Kilometer pro Stunde hinkriegt, wäre zwar ein hübsches Vor-zeigeprojekt gewesen und hätte die Aufmerksam-keit auf den innovativen Standort Ruhrgebiet ge-lenkt, hätte aber mit Stopps an jeder zweiten Laterne seine eigentliche Stärke völlig verplempert. Fazit also leider: Wer sich nicht ausdrücklich für den VRR entschieden hat, ob aus fundamentalistischen Um-weltgründen oder weil er den Lappen eh nie wie-derbekommt (und sich das ganze Elend mit »Demut« und »volkskundlich interessant« schönredet), benutzt natürlich das Auto. Aber kommt man damit schnel-ler ans Ziel? Jein.

Für die Ohren staugeplagter Fremder heißen Ruhrschnellweg (A 40, B 1) und Emscherschnell-weg (A 42) wahrscheinlich nur deshalb so, weil sie hier »schnell weg« wollen. Offensichtlich sind beide Namen Euphemismen. So wie der Oberschü-ler vom humanistischen Gymnasium »Eumeniden« statt »Erinnyen« sagt. Für Nicht-Ruhrgebietler mag besonders der Ruhrschnellweg eine bedrohliche Macht ausstrahlen. Fährt man durch Essen, sieht man hautnah, wie die Hauptschlagader des Reviers die alten Stadtteile zerrissen hat. Die grauen Mietshäuser stehen zum Teil direkt an der Fahrbahn; man schaut

zu, wie Kopfkissen aus dreifachverglasten Sprossen-
fenstern geschüttelt werden und im dritten Stock
Omis in Strickjacken ihre weiße Dauerwelle unge-
brochen in den Lärm und den Abgaswind halten.

Aber trotzdem ist der Ruhrschnellweg toll! Man
muss nur mal vom Termin aus Düsseldorf kommen
und kann es sich schon auf der A 52 in Höhe Ber-
gerhausen im Stau gemütlich machen. Ist der Ruhrschnellweg erreicht, geht es dreispurig weiter, oft
steht man aber von Frillendorf über Kray bis Gelsenkirchen. Das macht jedoch nichts, denn auch
die Gegenseite steht gern vom Ruhrstadion über
Wattenscheid bis Kray. Fremde Autofahrer macht
das wahnsinnig. Uns nicht. Wir sind Stau-Buddhis-
ten. Stau ist allerdings eigentlich der falsche Termi-
nus, denn es fließt ja tatsächlich immer weiter. End-
los und zähflüssig. Wir sind nicht Buddha, wir sind
Honig. Es gibt keine Autobahngegend in Deutschland, in der so souverän mit dauerüberlasteten Straßen umgegangen wird. Nicht nur, dass wir in dem
Wirrwarr von Ausfahrten, Knoten und Kreuzen
lässig die Übersicht behalten, es lässt sich auch ein
permanenter Spurwechsel auf die gerade weniger
zähe Fahrspur beobachten, der kaum je aggressiv
ist. Überwiegend geglücktes Reißverschlussverfah-
ren und nachsichtiges Hineinwinken auch des an

Heckaufkleber und Fußballwimpel erkannten politischen oder sportlichen Gegners machen es möglich. Unter dem Fuchsschwanz sind alle gleich.

Zur Ehrenrettung beider Schnellwege sei gesagt, dass auch hier die Kulturhauptstadt eingegriffen hat. Über die letzten Jahre wurde die A 40 sechsspurig ausgebaut, was angesichts ihrer engen Grenzen nach rechts und links ein heikles Kabinettstückchen deutscher Ingenieurskunst darstellte, und soll 2010 tatsächlich durchgängig und ohne Dauerbaustelle befahrbar sein. Zur Belohnung kulturell interessierter Pendler gibt es dank des »Barcode A 40«-Projekts im Großraum Wattenscheid auch ein paar Kilometer hintersinnig bemalter Lärmschutzwände: Fast 1300 Teilnehmer reichten ihre Vorschläge zur Gestaltung Hunderter Acht-Meter-Teilstücke ein und gruppierten aus einer vorgegebenen Farbpalette je zwölf Streifen wie einen Barcode. Mitunter wortreich und sehr poetisch wurden die Entwürfe kommentiert; klar, dass das Bochumer und Schalker Blau-Weiß sehr häufig gewählt wurde, aber auch Rot-Weiß Essen und die schwarz-gelbe Borussia tauchten in den Entwürfen auf oder wurden in einer einzigen bunten United-Colours-of-Revierfußball-Orgie vermischt. Daneben auch tiefenpsycholgische und emotionale Ansätze, Naturfarben, Entschleunigungsfarben, Untertagefarben, Gute-Laune-Farben, sehr schön!

Auch des ewigen Stauthemas hat sich die Kulturhauptstadt angenommen. Der 18. Juli 2010 steht ganz oben auf der Prioritätenliste der Verantwortlichen Dr. h. c. Fritz Pleitgen und Professor Dr. Oliver Scheytt, denn dann wird der Stau erst richtig zelebriert: Der Ruhrschnellweg wird auf voller Länge über 40 Kilometer gesperrt, und dann heißt es für die eine Fahrtrichtung Picknicktische raus und Flaneure zu selbst mitgebrachten Speisen und Getränken einladen, während in der Gegenrichtung vom Schützenverein bis zum Sportclub alles auf den Beinen ist, was zur Bespaßung taugt. Ein Bild, das um die Welt gehen wird – Dynamik im Stillstand.

Wo Stadtteile »Heißen« heißen

Als Besucher des Ruhrgebiets müssen Sie sich einfach mal zwei Stunden Zeit für unsere Autobahnen nehmen. Werfen Sie Baldrian ein und cruisen Sie einfach zwischen Duisburg und Dortmund hin und her. Für den fortgeschrittenen Industriekulissen-Aficionado ist sicher der Emscherschnellweg A 42 landschaftlich attraktiver – der im Zuge

der Kulturhauptstadt als Deutschlands erste »Park-
autobahn« mit üppigem Begleitgrün und niedlichen
»Ohren-Parks« in den Autobahnkreuzen ausgestattet
wird. Am Herner Kreuz haben Sie meist ein wenig
Aufenthalt und können sich in Ruhe dem mächtigen Steag-Kraftwerk widmen. Steigen Sie ruhig
aus und machen ein paar Fotos von den dampfen-
den Kühltürmen und dem hohen weißen Schlot,
den man im gesamten östlichen Ruhrgebiet gut erkennen kann. Zwischen Gelsenkirchen-Bismarck
und Schalke gibt es ein prima Güterbahnhof-Ambi-
ente parallel zur Autobahn, und Fußballfreunde
verneigen sich stumm nach links zur alten Glückauf-Kampfbahn samt Ernst-Kuzorra-Platz. Schlachthöfe, Stadthäfen und Tanklager haben Sie bei sich zu
Hause ja sicher auch, aber wir schütten dazwischen
immer noch gern eine begrünte Halde hin und stellen Kunst obendrauf.

Den Nordsternpark zu beiden Seiten der Emscher
erkennen Sie an der elegant geschwungenen roten
Brücke über den Rhein-Herne-Kanal; es ist übrigens das Gelände der Bundesgartenschau von 1997,
errichtet auf altem Zechengrund. Und wenn die
A 42 am Hafen Bottrop den Kanal kreuzt, leuchtet rechts 50 Meter hoch der begehbare Tetraeder
über der Schachtanlage Prosper Haniel wie ein spin-

nenbeiniges Ufo. Spätestens hier machen Sie »Aah« und »Ooh«. Das nächste Mal am 109 Meter hohen Gasometer Oberhausen, in dem Christo und Jeanne-Claude eines Nachmittags, als sie Langeweile hatten, 13 000 bunt lackierte Ölfässer zu einer gigantischen »Wall« übereinanderstapelten. Und nochmal zehn Minuten später, am Kreuz Duisburg-Nord, bekommen Sie die Kinnlade gar nicht mehr hoch, denn da hat H. R. Giger einen rostigen Weltraumfrachter abstürzen lassen, in dem das Alien seine Eier ausbrütet: der Landschaftspark Duisburg-Nord mit seinen grün, blau und rot illuminierten Essen und Öfen und Mauern und Röhren. Besonders schön in der Dämmerung. Wenn Sie jetzt nach Süden auf die Duisburger Stadtautobahn A 59 abbiegen und bei Sonnenuntergang über die grandiose Landschaft des größten Binnenhafens Europas blicken, werden Sie zugeben, so etwas Schönes noch nie gesehen zu haben.

Den Weg zurück Richtung Dortmund nehmen Sie jetzt schweigend über den Ruhrschnellweg und werden sich zwischendurch höchstens wundern, warum Mülheimer Stadtteile »Heißen« heißen. An der Ausfahrt Dückerweg in Wattenscheid verdichtet sich das Ruhrgebiet zu einigen fotogenen Chiffren: »Stahlhausen« kündigt das blaue Autobahnschild die nächste Ausfahrt an, und das gelbe M von McDonald's lockt zum schnellen Big Mac vom Autoschalter. Wenn mein Freund Benno am Steuer sitzt, müssen wir hier unweigerlich raus, er kann einfach nicht anders. Im Hintergrund baut sich klinisch weiß eine hochhaushohe Produktionshalle mit großem blauem Krupp-Emblem auf dem Dach auf, und gleich davor der feuchte Traum aller Tieferleger: D&W! Das kleine beleuchtete Flugzeug auf der Wiese davor führt ein wenig in die Irre, denn hier geht es nur um Autos. Was sage ich, um handgeschnitzte Alufelgen und verchromte Auspuffendrohre. Um circa 80 000 Car-Styling- und Tuning-Produkte. Europas größter Anbieter für sportliches Autozubehör und Autoteile, und natürlich treffen sich hier auf dem Parkplatz die Autoverrückten und geben sich in ihren Internetchats Tipps wie: Wer sich bei Mäckes 'ne große Cola bestellt, sollte das Dach aufkurbeln, durchs Fenster geht die nicht rein... Jeder kennt hier die Geschichte vom Riesenstau, weil sich anlässlich einer D&W-Party halb nackte Tutti-Frutti-Dämchen am Autobahnrand auf Tiefergelegten rekelten, und jeder hier besitzt die Kataloge von D&W mit ihren nicht ganz jugendfreien Titeln. Abends und an Wochenenden wird gefachsimpelt und mit aufgemotzten Karren angegeben, und nicht nur der Opel Speedster Club startet von hier aus seine Touren, »bis der Tank leer ist«. Weil Opel fahrn is wie wennze fliechst, wie der Volksmund weiß.

Danach geht eigentlich nur noch UCI. Den Kinokomplex im Bochumer RuhrPark spricht man natürlich »Utzi« aus, und dort läuft sage und schreibe immer noch Peter Thorwarths »Bang Boom Bang«! Seit 1999 also. Und ist längst Kult wie 20 Jahre früher die Rocky Horror Picture Show im Bochumer Unicenter. Die Leute kommen in ihren Ruhrgebietsautos und feiern regelrechte Partys. Kaum einer, der den Film nicht komplett mitsprechen kann. Können Sie sich das vorstellen, Ralle Richter, Diether Krebs in seiner letzten Rolle, Oliver Korittke, Alexandra Neldel und Sabine Kaack. Kalle und Schlucke in einer Ruhrproleten-Gaunerkomödie, die ihre Hardcore-Fans zum Delirieren bringt:

»Bang Boom Bang gehört mal ganz sicher zur Allgemeinbildung im Pott!«

»Absolut kultverdächtig und auf Jahrzehnte hinaus ein absolutes Muss für jeden Cineasten.«

»Genauso Kult wie Tarantino-Filme!«

»Einfach eine geniale Story und Dialoge, die es nur im Pott gibt! Sach nix, gucks dir an!«

»Titanic wird in 20 Jahren keinem mehr ein Wort entlocken, Bang Boom Bang wird noch in 100 Jahren einer Revolution gleichkommen!«

»Die Mutter, der Gott aller Filme!«

Ach ja, »Manta, Manta« spielt natürlich auch im Ruhrgebiet.

Elf Freunde (7):
»Ballern auf Garagentore
ist verboten!«

Wenn ich in meinen Erinnerungen krame, finde ich da weder rauchende Schlote noch Tag und Nacht malochende Kumpels, die ihren kargen Lohn in der Kneipe auf den Tresen hauen. Meine Gedanken sind da, äh, romantischerer Natur: Ich als kleiner Wursthaken in aller Herrgottsfrühe in der Küche meinem Vater beim Rasieren am Spülstein zusehend; die Männer der Nachbarschaft beim samstäglichen Autowaschen laut die Bundesliga im Radio (mit Kurt Brumme) hörend; die Herner Jungs von nebenan, Hemmie, Ulli, Axel, Walla und ich, die nicht auf die Garagentore bolzen dürfen, weil der alte Willi Weiß von der Nachtschicht ausschlafen muss.

Und heute? Wie jeder normale Mensch halte ich mich gerne in Hamburg oder Berlin oder so auf (Gegenden also, wo das Bier nicht schmeckt, wo die Currywurst ganz anders gemacht wird und wo es unverständlicherweise keine Buden, pardon: Kioske gibt), aber wenn dann auf der Rückfahrt links von der Autobahn die Kühltürme von Hamm–Uentrop auftauchen, dann macht mein Herz einen kleinen Hüpfer, weil ich weiß, dass ich schon fast wieder zu Hause bin. Auf die Garagentore darf heute übrigens wieder keiner ballern, nicht wegen der Nachtschicht, sondern weil der Hof jetzt so schön ordentlich fertig gemacht worden ist. Strukturwandel im Kleinen.

Ralf Odermann, 50, Rock-DJ-Legende (Logo, Planet), Bochum

Elf Freunde (8):
»Die Kneipe als Lehranstalt«

Früher hat mich mein Vater sonntags immer zum Feldhandball mitgenommen. Dort waren kräftige schmutzige Männer zu sehen, mit blutigen Knien und alle sehr nett. Sportlich gesehen haben die mehr geleistet als heutzutage mancher gut bezahlte Profi. Danach ging's in die Kneipe, es wurde viel getrunken und geraucht. Gilt das heute als pädagogisch verwerflich, so kann ich nur sagen, dass ich dort sehr viel über Menschen gelernt habe. Zu Hause wartete die Omma in ihrer Wohnküche mit dem Sonntagsbraten, den haben wir immer so gerade geschafft.

Pia Lund, 44, Popstar, Dortmund

Fußball, dein Name
sei Ruhrpott!

Also spricht der Fußballlehrer zu seinem Kapitän: »Kacki, mach die Brühe leer, da oben is angezapft.« Und Kacki, der nach hitzigem sommerlichem Endspiel an einem Radler saugt, gehorcht seinem Trainer Ralf Zyla. Ein hartes, forsch herausgespieltes 4:2 gegen den VfB Günnigfeld 2 liegt hinter dem heimischen Spielverein Höntrop 1916 e. V.

Sonntachnamittag, Kreisklasse A. Der letzte Spieltag der Saison ist ein heller Frühsommertag Anfang Juni 2004 mit dünner blauer Luft und hohen Sahnegebirgen am Himmel. Der Präsident stößt zu dem verschworenen Haufen am Spielfeldrand: »War zwar nicht die erfolgreichste Saison, aber Prost!« Fünfzehn

Männer setzen sich das Fiege an den Hals, und Trainer Zyla kontert entrüstet: »Wat?! Hömma, wir sind Dritter geworden!«

Fußball im Ruhrgebiet ist mehr als Ballsport. Ist mythenbeladen, legendenumrankt, ist ehrliches Rackern unter elf Freunden. Sagt man. Wo, wenn nicht hier, lebt der Geist der Kuzorras? Der Platz am Preins Feld im Wattenscheider Vorort Höntrop ist ein Aschenplatz, an zwei Flanken eingerahmt von fünf- bis sechsstöckigen Würfeln aus den frühen Seventies; an einer weiteren Flanke glänzen rote neue Ziegeldächer von Einfamilienhäusern. Hohe Silberpappeln mit brüchigen Ästen wispern ihr Sommerlied, ein hässlicher SPD-Schulkomplex schließt das Karree. Der Vollzahler latzt seine 2,50 Euro und bekommt dafür einen Nachmittag, wie er wohl in den Köpfen spukt, wenn verprellte Bundesligabesucher von der guten alten Fußballzeit im Ruhrgebiet schwärmen.

Grau und staubig liegt der Aschenplatz in der Sonne. Schon vor dem Spiel brutzeln die ersten Würstchen draußen auf dem Grill vor »Inge's Frittenstube«, ein knarziger Oppa mit Gichtgriffeln wendet sie routiniert. Knapp 50 Zuschauer haben sich eingefunden, Kumpels der Spieler, Familien mit Kids, die Freundin des Schiedsrichters und ihre zwei dicken Hunde. Im hutzeligen Vereinsheim sind die

Fenster geöffnet, und der Nachwuchsstürmer der Sportfreunde Westenfeld, der mit seinen Kameraden gerade das Vorspiel gegen RW Leithe 3 gewonnen hat, kräht stolz, als ein Zwei-Liter-Krug mit Pilsbier gefüllt wird: »Ich hab heut eärstema die Latte getroffen, der is jetzt für mich!«

Der Wirt, ein Westfalenschädel mit rosigen Wangen, hört auf den Namen »Wänna« und zapft bedächtig nach alter Sieben-Minuten-Manier. Das kann dauern. Deshalb wird auch zügig Flaschenbier geordert, Fußballer sind ja zunächst durstige Männer und erst dann vorbildliche Sportler. Und rauchen tun die auch. Der kaum zehnjährige Junge, der dem Wirt beim Bedienen hilft, knibbelt die Etiketten von den Warsteiner-Flaschen. Wegen der Punkte. Jürgen Kohlers Werbung wirkt.

Fünfzehn Uhr, endlich Anpfiff des Kreisligaspiels. Der Pfiff des Schiris schallt laut und deutlich über den Platz. Kaum zwei Sekunden später kommt ein Auswechselspieler aus dem Vereinsheim gespurtet, lässt sich neben seine Kollegen auf die Bank fallen und fragt: »Steht noch null-null?«

Die beiden Oppas nebenan mit ihrem nass zurückgekämmten graugelben Haar und ihren hellen Windjacken lachen lautlos in sich hinein. Haben schon viele Spiele gesehen, die Rothosen aus

Höntrop waren ja mal richtig groß in den Dreißigern, zweimal Vizemeister der Gauliga Westfalen, Spiele gegen Preußen Münster, Hüsten 09, Germania Bochum, Westfalia Herne. Gegen Dauermeister Schalke 04 gelang im Oktober 1934 das Kunststück eines 1:0 in der Schalker Glückauf-Kampfbahn. Torschütze war Rechtsaußen Klaus Timpert; die Brüder Paul und Jupp Timpert sollen sogar im berühmten Notizbuch des Reichstrainers Sepp Herberger gestanden haben. Der habe aber die Namen wieder gestrichen, berichtet die Vereinschronik nicht ohne Stolz, »nachdem er sich einige Male in Höntrop umgesehen hatte: Auf Nationalspieler, die bereits vor dem Kampf die Chancen im Vereinslokal allzu intensiv diskutierten, wollte er lieber verzichten.«

Immerhin, diese historische Vorlage nehmen die Rothosen heute noch gern volley. Zunächst aber wird gefightet, denn es geht um den 3. Rang in der Abschlusstabelle, den im Moment noch Hedef Spor Hattingen belegt. Die Spieler sind Mitte zwanzig bis Anfang dreißig, viele haben eine Pläte. Das Spiel auf Asche ist sauhart, es gibt engagierte Zweikämpfe, beherzten Körpereinsatz, bei Bremsmanövern zieht eine Staubwolke über den Platz. Kein Ort für filigranes Fußballballett, hier wird richtig geackert, die

Zuschauer kommentieren anerkennend jeden gelungenen Spielzug. Es knirscht unter den Stollen, beim Spurt spritzt die Asche hoch. Wer sich hinlegt, tut sich richtig weh, das weiß jeder auf dem Platz und leidet mit, wenn's einen erwischt hat. Die Knie der Spieler sind lila von übereinanderliegenden Narben; später sagt Darius: »Meine Wunde schließt schon seit fünf Monaten nicht, weil ich mich jedes zweite Wochenende auf die gleiche Stelle lege.« Höntrop führt schnell, auf dem Trikot prangt der Sponsorname »Ristorante Carmelo« von der Wittener Straße in Bochum; nach einer halben Stunde gleicht Günnigfeld aus. Wenige Minuten später: »Ey Leute, dat is wieder Standard wie gerade, jetzt passt abba auf!«, ruft Höntrop-Trainer Ralf Zyla, während sich der Linienrichter mit der grünen Fahne seelenruhig eine perzt. Mitten im Spiel!

Fussek ist etwas für Popbewusste

Zwei hochkarätig herausgespielte Angriffe bedeuten den sicheren Sieg für Höntrop, lautes Lob vom Coach. Kurz vor Schluss verteilt der Schiri Gelb, zweimal voll den letzten Mann gerissen. Au, das tat wieder weh. Doch die Zeit der Aschenplätze im

Ruhrgebiet geht langsam zu Ende, Kunstrasen soll bald her. Bei heftigem Regen läuft das Wasser nämlich nicht ab, dann sieht der Platz aus »wie auf'm Mars, dann brauchse Schwimmflossen.«

Kunstrasen also soll helfen. Bescheidener Wohlstand in der Kreisliga: Auf dem Gelände der Rothosen entsteht mit viel Eigenarbeit auch ein kleiner Neubau mit Geschäftsräumen und Duschen, damit man nicht von der benachbarten Schule abhängig ist, dorthin müssen die Spieler nämlich nach dem Spiel traben. Doch gleich nach dem Abpfiff gibt es andere Prioritäten: »So, jetzt machen wir 'ne Stunde Mittag«, spricht der Coach, und dann wird angezapft. Als ein blondierter Spieler die Gruppe verlässt, wird ihm hinterher gefrozzelt: »Kai, gehsse noch im Sonnenstudio oder machse Effekte inne Haare zum Saisonabschluss?«

»Kai geht poppen«, meint ein anderer trocken.

Das kleine Dorf Höntrop am Hellweg, Kreisliga A, Nabel der Fußballwelt. So läuft das an jedem Wochenende. Allein in Bochum spielen über 100 Mannschaften in verschiedenen Ligen. Mit Kampf, mit Einsatz, mit viel Spaß, dummen Sprüchen und frischem Pilsbier. Das hat man eigentlich im Sinn, wenn man »zum Fussek« ins Stadion pilgert. Das sagt man hier übrigens oft statt Fußball, so wie man im

Raum Wanne-Eickel auch schon mal Kühlek oder Schlawek für Kühlschrank und Schlafanzug sagt.

Viel zögerlicher als in den reichen Fußballstädten geriert sich der alte Kumpelsport im Ruhrgebiet als gesellschaftliches Ereignis mit Sektglas in der VIP-Loge. Viel mehr ist er seit den popbewussten Acht-zigern das Ding kregeler Subkulturen geworden, die gesellschaftliche Folie für die Beautiful Loser der Stadt, verbrauchte Studis, intellektuelle Pophaude-gen, Sportswear-Clubster, Indie-Veteranen mit fet-tiger Mähne; gut gelauntes Hedonistenpack halt, das Fußball genau so wichtig nimmt wie The-Bands und offensives Trinkertum.

Die schönste Zeit in diesem Sinne erlebte der Revierfußball wohl zuletzt, als der BVB 1997 Cham-pions League-Sieger wurde und Schalkes Eurofigh-ter den Uefacup holten. Als die Fans auf Schalke und in den anderen Stadien stolz und einträchtig das ehemals verpönte Wort »Ruhrpott« skandierten und die Ruhrpottshirts der T-Shirt-Drucker von Haber-dasher in Dortmund reißenden Absatz fanden. Da waren Fussek und Popbewusstsein und Leben im Ruhrgebiet eins, und das tickt seitdem nach – von der kommenden Saison unter Klopp und Magath ist hoffentlich Ähnliches zu erwarten. Gefeiert und diskutiert wird nach dem Spiel in Szenekneipen im

Dortmunder Kreuzviertel, im Bochumer Bermudadreieck oder im Duisburger Dellviertel.

Nicht zu unterschätzen sind allerdings die alt ein-
gesessenen Fußballkneipen wie etwa »Die Eule«, das
Stammlokal der Rüttenscheider Rot-Weiss Essen-
Fans. Der Verein hat seine Teilnahme in der Dritten Liga versemmelt, schloss die Saison 2008/2009
im indiskutablen Mittelfeld der Regionalliga West
ab und träumt dennoch vom teuren Stadionausbau
seines einst gefürchteten Domizils an der Hafen-
straße. Wirt Gerd Fabritz betrieb »Die Eule« fast 48
Jahre und hat den Zapfhahn erst im WM-Jahr 2006
an Tochter und Schwiegersohn übergeben. Legendär das heilige Fußballritual: Ab Samstag um zwölf
ist hier Frühschoppen angesagt, es gibt leckere Erbsensuppe und ab 15 Uhr die Bundesligakonferenz
auf modernem Plasmaschirm. Die Tische sind für
Rot-Weiß-Fans reserviert, ebenso für die Schwarz-
Weißen und sogar für den FC Bayern. Wenn es ihm
passte, spielte Fabritz seinerzeit sogar das Schalker
Lied, denn ob Borusse oder Schalker, hier macht
niemand Ärger, auch wenn der Flachs zwischen den
Tischen blüht.

Der Altwirt, seit über 50 Jahren Mitglied beim Rüttenscheider SC, nennt Helmut Rahn einen »Freund
des Hauses« und kann sich noch gut an die Zei-

ten erinnern, als Schwarz-Weiß Essen Pokalsieger wurde. »1959 war das, Endspiel in Kassel, 5:2 gegen Borussia Neunkirchen, und am nächsten Morgen habe ich den Trainer morgens um halb acht nach Hause gefahren.« Man kann sich vorstellen, wie das damals abging, doch von Altmänner-Nostalgie keine Spur. Dazu ist Fabritz zu sehr Wirt, seit Jahrzehnten verankert in der Essener Fußballszene: »Über den Sport kriege ich die jungen Wilden aus den Vereinen«, verriet er mir einmal sein Rezept gegen leere Kneipen, und tatsächlich tummeln sich in der »Eule« eine Menge junger Kartenspieler und hustender Oppas, die mit knarzigen Kommentaren zum Spielgeschehen nicht geizen. »Eule«-Enkel Julius übrigens, mittlerweile fast fünf, war schon als drei Wochen alter Knirps stolzer Besitzer einer kompletten RWE-Ausrüstung, Trikot, Stutzen und alles. Und das in einer Stadt, die sich anders als Dortmund beileibe nicht über den Fußball definiert.

Dortmund, wo ich 2004 das EM-Endspiel Portugal gegen Griechenland in einem gerammelt vollen portugiesischen Nordstadt-Imbiss erlebte, hinter mir der brühheiße Grill, in Schritthöhe die rot-grün geschminkten Gesichter der Kinder, die sich durch die Beine der Erwachsenen drängten, und mitten im Spiel fingen die Portugiesen, ungelogen, an, »Griechischer Wein« zu singen. Das ist Ruhrpotthumor. Bilder wie die 25 000 Schottenfans in ihren Kilts, die zur EM-Quali 2003 so hemmungslos betrunken wie friedlich im Brunnen auf dem Alten Markt planschten, bleiben ebenso in Erinnerung wie die Hooligan-Hatz im Vorfeld des Polenspiels beim Sommermärchen 2006. Den Nimbus der unknackbaren Länderspielfestung hat das Westfalenstadion, tschuldigung, der Signal-Iduna-Park, dann leider beim Halbfinale gegen Italien verloren.

Die Nummer eins im Pott sind wir!

Bedingungslose Begeisterung: jeden Samstag im Stadion deines Vertrauens. Vor allem bei den gefürchteten Revierderbys, die trotz der insgesamt sieben Ruhrpottvereine, die seit 1963 je in der 1. Bundesliga spielten (VfL Bochum, SG Wattenscheid 09, Rot-Weiss Essen, MSV Duisburg, Rot-Weiß Oberhausen) natürlich immer nur das Spiel Schalke gegen Dortmund meinen. Beides alte Arbeitervereine, trennen die Kontrahenten weder Religions- noch Klassenunterschiede, wie sie etwa in Glasgow oder Buenos Aires zu legendären Fights führen. Vielmehr haben beide Clubs dank ihrer modernen Stadien, ihrer sensationellen Stehplatztribünen – die Schalker Nordkurve und die Dortmunder Südtribüne, die größte Europas –, dank ihrer riesigen Anhängerschaft und ihrer beeindruckenden Vorverkaufszahlen mehr Gemeinsamkeiten, als es die rivalisierenden Anhänger oft wahrhaben wollen. Der Dauerkartenvorverkauf für die Borussia-Saison 2009/2010 wurde am 5. August 2009 bei exakt 50 675 gestoppt. Jahrhunderrekord! Kloppomania!

Und wer ist die Nummer eins im Pott? Der letzte Sieg der Dortmunder über Schalke zum Saisonende 2007 kostete die Knappen die Meisterschaft, seitdem haben die Borussen allerdings nicht mehr gewonnen. Das 3:3 im September 2008, ein Gänsehautspiel, markierte den Wiederaufstieg des BVB unter Trainer Jürgen Klopp; man ließ den S04 hinter sich. Klopp ist der unbestrittene Star der Dortmunder im Jubiläumsjahr, wenn der BVB seinen Hundertsten feiert. Die Schalker hingegen werden sich wohl erst eine Saison lang gedulden müssen, ehe die Knappen unter Supermann Felix Magath an die Überwindung ihres 50-jährigen »Nur gucken, nicht anfassen«-Meisterschalentraumas denken dürfen. Nun, das wird man alles sehen.

»Einmal Bochumer – immer Bochumer« steht auf meinem Fanschal, der in meiner (hüstel) Dortmunder Küche hängt. Als Köttel noch ins alte Stadion an der Castroper Straße gepilgert, Hans Walitza stürmen gesehen, 1973 mit dem Fahrrad hingewallfahrt, als die neuen Flutlichtmasten aufgestellt wurden, Jupp Kaczor, Ata Lameck, Jupp Tenhagen, Jochen Abel, Katze Zumdick erlebt. Und eines Samstagnachmittags im September 1976 beim Mofaputzen, keine Karten mehr gekriegt, also Sport im Westen auf WDR 2, ungläubig das Herzinfarktspiel gegen die Bayern miterlebt, die Bochumer führten 4:0 und unterlagen am Ende mit 5:6, es hieß, ein Mann starb noch im Stadion an Aufregung.

Immer noch bei jedem Stadionbesuch zentimeterdick die Gänsehaut, das Prickeln, der Kick, wenn das ganze Stadion mit Herbie »Tief im Westen« singt und sich die Stimmbänder der Fans im Ostblock bei der Zeile »du und dein VfL« in Raserei überschlagen. Die Beschimpfungen, der spontane Fan-Humor, Bekleckern mit Currysoße beim Studieren der Stadionzeitung, Fiegebier aus mobilen Zapfstationen und Tränen in den Augen, wenn dieser kitschige Heimspielschlager ertönt: »Vau-ef-el / Mein Häaz schlägt nua für dich / Wir werden imma zu dir stehn / VfL mein VfL.«

Hillenbach, du verdammter Abtrünniger!

Kein Wunder, dass mir, als ich nach Dortmund zog,
der erste Gang in den fremden Tempel schwerfiel:
ausverkauftes Westfalenstadion, 83 000 Feinde, Dortmund gegen Bayern. Aber mein Sohn Simon, damals
neun, war bis dato noch nie im Stadion gewesen,
da kann er heute mit zwei Stümpermannschaften
anfangen, dachte ich, und später mit mir zum VfL;
man muss sich ja noch steigern können.

Goldener Herbst 2004 also, Kaiserwetter: Wir
latzen 80 Schleifen für unsere zwei Schwarzmarkt-
karten, aber es muss sein. Die Kulisse ist allerdings
prächtig, hundert Meter steil und voll gepackt mit
Zehntausenden die Ränge in Schwarz-Gelb, Ge-
sänge und Klatschen und Trampeln. You'll Never
Walk Alone – längst ist es ja diese Atmosphäre, die
die Leute anlockt, das Spiel auf dem Rasen ist für
viele Besucher bloß Mittel zum Zweck. Es geht um
das Gesamtkunstwerk Samstagnachmittag, das man
sich mit seiner Karte und ein paar Bieren und 'ner
Bratwurst erkauft. Ich habe nichts gegen Famili-
enblocks und Merchandising und dass man an jeder Ecke teure Trikots kaufen kann; das ist halt
die zeitgenössische Freizeitgesellschaft, und der Ruf
nach der guten alten Fußballzeit ist Kopf-in-den-

Sand-Nostalgie. Kuzorra und Libuda waren schön blöd, sich mit Tabakläden und Lottoannahmestellen abspeisen zu lassen; typisch Ruhrgebiet, dieses Sich-Kleinmachen. Und die archaischen Rituale sterben ja auch nicht aus, im Gegenteil: Wie im Gospel-Gottesdienst gibt der Hohepriester der Fankurve mit dem Megafon das »B-V-B« vor, und »B-V-B« antworten die Tribünen. Call and response, La Ola, Trommeln und bemalte Gesichter, ein Ethnologe hätte seine helle Freude daran. Uuh-uuh-uuh! machen Tausende den Affen, wenn Olli Kahn am Ball ist, 50 Cent kostet die Banane, die man ihm in den Torraum wirft, und wenn er seinen Abschlag macht, geht es Ooooohhh-Arsch-loch-wich-ser-hu-ren-sohn! Mein Sohn, wohlerzogen, ist entrüstet über die Verbalinjurien, merkt aber schnell: Die tun nix, die wolln nur Spaß. Es geht nicht darum, Menschen ernstlich zu beleidigen, es geht um eingespielte Rituale in rauen, regellosen Zeiten. Um ein Stück Heimat. Nach 92 Minuten ist die Messe gelesen, die blöden Bayern haben in der Nachspielzeit dank Rheuma-Kai ein sicher verlorenes Spiel gedreht und Doofmund hat zwei Punkte verschenkt. Prima Nachmittag!

Fünf Jahre später bin ich elektrisiert, wenn in Dortmund Heimspiel ist. Ich habe mich lange dagegen gewehrt, glaubt mir, aber es gibt keine Stadt in Deutschland, in der quer durch alle Schichten und Generationen der Fußball derart gelebt und zelebriert wird. Das fängt mittags in den Kneipen rund um den Alten Markt an und setzt sich mit der beeindruckenden Karawane quer durchs Kreuzviertel fort, an dessen Rand ich wohne. Man hat mich sogar, die Bierpulle in der Hand, schon in Schwarz-Gelb zum Stadion pilgern sehen. Oh Gott, jetzt darf ich mich in Bochum nicht mehr blicken lassen ...

Elf Freunde (9):
»Der Dreck muss bleiben«

Als Kind durfte ich mit Klimpergeld zur Bude gehen. Da habe ich die ersten Schmuddelkinder kennengelernt. Uns einte die Angst vor einer miesepetrigen alten Dame, die gegenüber wohnte. Damals war die Welt so klein: Eine Reise mit dem Bus von Langendreer in die Innenstadt war ein Abenteuer. Im Bus sehe ich mich heute umgeben von Menschen, die tagsüber schon Bier trinken. Klar, daran mag man Arbeitslosenquoten ablesen. Ich mag am Ruhrgebiet aber gerade, dass es seine Schwächen nicht versteckt. Dabei geht es ja vorwärts: Manche ziehen sich selbst still aus dem Sumpf wie die Kleinunternehmer der Hochzeitskleidermeile in Duisburg-Marxloh, andere klappern mit vollmundigen Arbeitsplatzversprechen wie die Planer des Dortmunder U. Keine Frage, für 2010 wird jede Zechenbrache gefegt. Ich hoffe, ein bisschen Dreck darf bleiben. Ist gut für das Immunsystem.

Petra Engelke, 40, Chefredakteurin des Magazins Heimatdesign, *Bochum*

Was wir tun, wenn wir nicht malochen

Das Busfahren als einfache Methode, das Ruhrgebiet kennenzulernen, habe ich Ihnen bereits an anderer Stelle empfohlen. Es geht aber auch aktiv. Seit Familie Stratmann sich in den frühen Achtzigern in Elke Heidenreichs TV-Serie »Tour de Ruhr« auf dem Rad durch die damalige Industriekulisse strampelte, ist das Radwegenetz extrem ausgebaut worden. Weltweit »dürfte« es sich, wie Wikipedia vorsichtig formuliert, um das größte Vorhaben handeln, das industriekulturelle Erbe einer Region für den Fahrradtourismus zu erschließen. Das klingt bedeutend akademischer, als es sich live anfühlt. Denn abgesehen von der überwiegend ebenen Streckenführung fast aller Themenradwege kommt man aus dem »Wow!«-Rufen kaum heraus. Teilweise einander ergänzend oder parallel verlaufend, hat der Pedalritter die Qual der Wahl: Unter »Route der Industriekultur« firmiert der »Rundkurs Ruhrgebiet« mit satten 350 Kilometern ebenso wie der »Emscher Park Weg«, dazu gesellen sich Teile der »Kaiser-Route«, der »Emscher-Weg« der Emschergenossenschaft, der wunderschöne »RuhrtalRadweg« oder die nach Westfalen verlaufende »Fahrradroute Hellweg«. Die Route der Industriekultur bringt es mit sich, dass man alle paar Meter über ein weiteres industriehistorisches Wegzeichen stolpert; sinnvollerweise ist das ganze Wegesystem mit sogenannten Ankerpunkten und Besucherzentren gepflastert.

An einem Tag lassen sich natürlich nur ausgewählte Schwerpunkte besuchen. Sind Sie im Westen unterwegs, steht der Duisburger Innenhafen samt Museum der Deutschen Binnenschifffahrt auf Ihrem Zettel; mit einem Abstecher zum gigantischen Landschaftspark Duisburg-Nord ist Ihr Tag auch schon ausgefüllt. Mehr darüber siehe unten. Ein weiterer Tag längs der Emscher lässt sich mit dem Gasometer Oberhausen, dem Nordsternpark in Gelsenkirchen und dem Welterbe Zeche Zollverein gestalten. Der Norden ist eher etwas für Hardcore-Ruhris, immer schön im Schatten der Fördertürme, in Sichtweite die Kokerei Zollverein mit ihren nicht enden wollenden Hochofenbatterien. Mitten im Gewirr von Treppenaufgängen und mächtigen Fassaden: ein Freibad! So richtig mit blauem Wasser und sonnenwarmen Holzplanken drum herum. Die kleine Sommerfrische in stimmiger Schwerindustriekulisse. Das Schwimmbad ist eigentlich »Kunst«; die Frankfurter Künstler Dirk Paschke und Daniel Milohnic haben mit ihrer Arbeit 2001 die Umwandlung stillgelegter Industrieanlagen thematisiert. Den Kindern und Jugendlichen aus den umliegenden nördlichen Stadtteilen ist's wurscht, sie schätzen die Installation als außergewöhnliche Freizeitattraktion. Im Winter bietet die Kokerei ebenfalls Einmaliges: Unterhalb der Koksöfen, in denen einst bei über 1000°C Kohle zu Koks gegart wurde, vergnügen sich Schlittschuhläufer auf einer 150 Meter langen und zwölf Meter breiten Kunsteisbahn. Zur Eröffnung Ende 2001 kamen 5000 Besucher, seitdem wird die Bahn jeden Winter für ein paar heißkalte Wochen geöffnet. Wenn es früh dämmert, taucht die rote und blaue Lichtinszenierung der Londoner Künstler Speirs & Major die Kokskulisse in romantisches Licht, und wer dann noch friert, wärmt sich im Kokerei-Café bei Erbsensuppe und Glühwein.

Und das fitnessgestählte Jungvolk? Schnappt sich derweil sein Mountainbike und rast downhill jede Menge Kohle runter. Der Parcours ist verdammt eigen, hier oben sieht's aus wie in einer Vulkanlandschaft. Könnte Lanzarote sein, aber aus den Augenwinkeln sieht man da unten irgendwo Zechensiedlungen und Fabriken zwischen einer Menge Grün. Ist ja auch nicht Lanzarote. Ist Gladbeck, Mottbruchhalde. Und den Parcours hat seinerzeit das Fun-Sport-Team Gladbeck angelegt, schönen Dank auch. Es gibt Verrückte, die schaffen mehrere Halden am Stück: Die Halde Hoheward im Hertener Süden mit ihrer Horizontalsonnenuhr auf dem Gipfel und einem Obelisken als Schattenwerfer. Die Rungenberghalde am Südrand von Gelsenkirchen-Buer, auf deren Gipfel nachts zwei Scheinwerfer leuchten, deren Lichtkegel sich kreuzen und damit an Gelsenkirchens alten *nom de guerre* »Stadt der tausend Feuer« erinnern. Oder die 70 Meter hohe Halde Hoppenbruch in Recklinghausen, deren Mountainbikekurs zum Treffpunkt der Mountainbiker aus dem ganzen Ruhrgebiet geworden ist. Weitere Halden lernen Sie später in diesem Kapitel kennen, wir haben hier ja genug davon.

Als die Emscher sich aufbäumte

Zieht es Sie eher an die Ruhr, wären das Aqua-
rius-Wassermuseum in Mülheim, der Baldeneysee
samt Villa Hügel sowie das Eisenbahnmuseum in
Bochum-Dahlhausen ein anspruchsvolles Unterfangen. Zwängen Sie sich ganz ungezwungen wie Otto
Normalruhri in die Ballonseide vom letzten Mitt-
wochsangebot bei Aldi, steigen Sie auf Ihr Trek-
kingrad und radeln Sie gemütlich längs der historischen Treidelpfade an der Ruhr entlang. Von
Mülheim bis Hattingen und noch ein Stückchen
weiter, das ist zu schaffen. Und weil der Sonntagnachmittag heilig ist und weil es am Sonntagnachmittag grundsätzlich Kuchen zu geben hat, schauen
wir jetzt mal an einem ganz besonderen Café an der
Strecke rein: »Die Saskia, die tut mir ja echt leid,
aber sach ich wat, bin ich widda die Doofe, da krisse
widda blöde Sprüche, weisse. Kumma, da warn wa
im Sonnenstudio ...«, und so weiter, das Getratsche
und Gebrumm legt sich wie eine Süßstoffwolke über
unsere leckeren hausgemachten Kuchen.

»Gastschiff Thetis« heißt der olle Kahn, der am
Kettwiger Promenadenweg festgemacht hat. Man
schaukelt leicht auf dem Wasser, Tretboote kommen
zutraulich heran und lassen sich füttern, und wenn

man mal muss, geht's eine Treppe runter und man schaut beim Pipimachen durch lustige Bullaugen. Solcherart mit Stachelbeerkuchen gedopt, geht's weiter an der Ruhr Richtung Werden. Wenn man Glück hat, gerät man wenig später in eine Ruderregatta des Kettwiger Ruderclubs und kann spannende Einer- oder Achterfinale sehen. Das ist wie Fußball-Oberliga, alles sehr familiär und engagiert, es wird gegrillt und gefeiert, stundenlang könnte man sich das ansehen. Oder die abgerockte Minigolfbahn am Kattenturm gleich nebenan: Hier lässt sich ein langer Nachmittag bei leichter körperlicher Betätigung und einigen Bieren wunderbar verdöseln. Wer mag, pflückt auf dem weiteren Weg unterwegs ein paar Holunderblüten, die kann man zu Hause frittieren oder in die Bowle tun.

Im Osten des Reviers locken derweil das Schiffs-hebewerk in Waltrop und die Backsteingotik der Zeche Zollern II/IV samt Westfälischem Industrie-museum; vielleicht schaffen Sie es noch zum lecke-ren naturtrüben Bier in die Lindenbrauerei Unna, gleichfalls Sitz des Zentrums für Internationale Licht-kunst. Das etwas abgelegene frühere »Auffanglager« in Unna-Massen, einst erster Anlaufpunkt für Spät-aussiedler, soll nach dem Willen der Kulturhauptstadt eins der kommenden kreativen Viertel des Ruhrgebiets werden; die adrette Sechzigerjahre-Architektur erinnert an ein Musterdorf und soll einmal Künstler beherbergen. Weil sich das Wortspiel mit der römischen Villa Massimo so charmant anbietet, läuft die Idee unter »Unna Massimo«. Wenn Sie schon einmal in der Gegend sind, hängen Sie ruhig noch weitere acht Kilometer dran: Vor den Toren Holzwickedes entspringt die Emscher im Quellteich des Emscherquellhofes. Das Fachwerkensemble des ehemaligen Lünschermannshofs wurde 2005 von der Emschergenossenschaft restauriert und beherbergt heute eine Ausstellung zur Geschichte dieses besonderen Flüsschens. Wenn Sie versonnen in den kleinen, grün schimmernden Quellteich blicken, über sich die Krone eines großen Baumes, werden Sie sich kaum vorstellen können, dass dieses kleine Rinnsal gut 80 Kilometer weiter westlich als geschundener Industriefluss bei Dinslaken in den Rhein mündet. Die Renaturierung der einstigen »Köttelbecke« und »Kloake des Ruhrgebiets« ist das größte und teuerste Projekt der Emschergenossenschaft und kann nur durch ein Netz neu zu erstellender unterirdischer Megarohre zwischen Dortmund und Dinslaken realisiert werden, die statt der Emscher das anfallende Abwasser aufnehmen. Das dauert noch bis 2017, heißt es. Wie gefährlich dieser kleine Fluss werden kann, zeigte sich am 26. Juli 2008, als ihn ein lokal eng begrenztes Jahrhundertunwetter ungeheuer anschwellen ließ – Land unter in den westlichen Dortmunder Stadtteilen Dorstfeld und Marten, die in der gelben Suppe buchstäblich absoffen. Fünf Meter über Normalpegel – das war selbst für Extremsportler zu viel.

Auf Ihren Touren werden Sie nicht nur Industriekomplexe besichtigen, sondern auch alte Arbeiterviertel besuchen. Das sind natürlich keine Museumsdörfer, sondern lebendige Siedlungen voller Zechenhäuser, die ein wenig an die Kulissen in Sönke Wortmanns Kinofilm »Deutschland. Ein Sommermärchen« erinnern. Zu den Stars dieser rund ein Dutzend erhaltener und gepflegter Siedlungen zählen die Teutoburgia-Siedlung in Herne-Börnig, eine Gartenstadt nach englischem Vorbild, die Siedlung Eisenheim in Oberhausen, älteste Arbeitersiedlung des Ruhrgebiets, und die Margarethenhöhe im gleichnamigen Essener Stadtteil. Letztere wurde allerdings nicht für Krupp-Arbeiter gebaut, sondern als erste deutsche Gartenstadt für die Angestellten des Konzerns. Gestiftet wurde sie 1906 von Margarethe Krupp anlässlich der Hochzeit ihrer Tochter Bertha; das Wohnen in dieser heiteren, von Georg Metzendorf nach Menschenmaß gebauten Siedlung ist so beliebt, dass

frei werdende Wohnungen angeblich ausschließlich innerhalb der dort lebenden Familien weiter-
gegeben werden. Machen Sie dort einen Spazier-
gang und schauen Sie sich die Laubengänge und
weinberankten Häuser an; die kleinen Geschäfte haben keine Neonwerbung nötig, man schreibt einfach schwungvoll »Bäckerei« oder »Apotheke« direkt
auf die Fassade wie früher. Sehr putzig. Der kleine
Marktplatz, Deutschlands wahrscheinlich schönst-
gelegener Edeka-Markt und das stilvoll restaurierte
Hotel Margarethenhöhe, in dem Sie sich zur Kaf-
feezeit einfinden sollten, lassen das Ensemble wie
einen Kurort wirken.

Norbert Dickel peitscht uns nach vorn

Seit wir nicht mehr untertage einfahren, sondern
kreativ arbeiten und unsere Zeit ebenso kreativ ein-
teilen, ähneln die vielen grünen Zonen in und neben
unseren Städten dem Rundweg um die Hamburger
Außenalster am Sonntag: alles voll. Als vermissten
wir den Stau auf dem Ruhrschnellweg, drängeln wir
uns nach Feierabend und an den Wochenenden auf
Radwegen und Laufstrecken. Stau am Baldeneysee,
Stau am Kemnader See, Stau auch in der Dortmun-

der Bolmke. Die Bolmke ist der Rest der einstigen Emscheraue, ein Naturschutzgebiet mit Bruchwald und Brunnenkresse im Teich – und der Laufparcours der Kreuzviertel-Akademiker. Die beliebte Finnenbahn, also ein eigens angelegter 800-Meter-Rundkurs mit federndem Rindenbelag, erinnert mich manchmal an den Nintendo-Klassiker Mario Kart, weil die Läufer alle so lustig hintereinander hertraben. Wenn man die Bolmke vom Kreuzviertel her anläuft, passiert man zunächst die ehrwürdigen Westfalenhallen und dann das Westfalenstadion, tschuldigung: den Signal-Iduna-Park. Je nach Messe oder Großveranstaltung muss man sich seinen Weg oft durch allerlei skurrile Gestalten bahnen. Die besten Ergebnisse in diesem Sinne lieferten zuletzt die »Jagd & Hund« mit Lodenmännern und Lodenhunden, die größte deutsche Indoor-Technoparty »Mayday« mit verpeilten Housemädchen und die 40 000 Zeugen Jehovas im Stadion mit ihren Alien-Sonnenbrillen. Gut gefallen haben mir auch die Besucher der »Intermodellbau«, weil man beim Laufen dauernd über irgendwelche ferngesteuerten Modellautos springen muss, um deren Fernbedienung sich Väter und Söhne regelmäßig streiten. Und der Klassiker sind die stolzen, wenn auch ob der zunehmenden Bedeutungslosigkeit ihres Sports oft gramgebeugten Teilnehmer der »Brieftauben-Olympiade«. Das Szenario ist deshalb klasse, weil jeder der älteren Herren einen oder zwei Pappkartons unter dem Arm trägt, aus denen es unentwegt gurrt und ruckediguht.

Sollten Sie an einem Heimspiel-Samstagnachmittag mit mir laufen, werden wir zwischen Stadion und Bolmke noch kurz einen Abstecher in die dortigen Schrebergärten machen. Dortmund ist schließlich die Stadt mit der höchsten Dichte an Kleingärten pro Einwohner. Kaum jemand hat ausschließlich Blumen oder Rasen, fast überall wächst der Porree, steht ein knorriger Apfelbaum, sprießt der Dill. Gehisste BVB-Flaggen, Grillduft, Gartenarbeit in der Sonne, und dazu Stadionsprecher Norbert Dickel, der Held von Berlin, live und direkt neben uns. Und selbstverständlich sind die oralen Emissionen der 80 000 Fans stimulierender als die »Erwachet«-Predigten der Zeugen Jehovas neulich. Obwohl mir da der Gedanke kam, dass man auf diese Weise auf den umstrittenen Videobeweis bei kniffligen Schiedsrichterentscheidungen verzichten könnte – 40 000 Zeugen im Stadion können sich nicht irren … Wie auch immer, wir werden zwischendurch eine kleine Unsportlichkeit begehen und am »Schultenhof« einkehren. Der Biohof samt Hofladen und Behindertenintegration hat einen lauschigen Biergarten, in dem Küchenchefin Ellen Treeck, in den Achtzigern Sängerin des smarten Clubjazz-Projekts »Twenty Colours«, das leckere Pinkusbier aus Münster auftischt. Zur Strafe scheppern ein paar Amseln im Weißdorn ihre Empörung von sich. Schwarzdrosseln. Ihr alter Name ist Geitling; danach nannten die Leute die ersten Flöze im Muttental nahe Witten. Auch auf der Schachtanlage Zollern hießen sie so blumig: Geitling, Mausegatt (Mauseloch) und Kreftenscheer nach den Scheren des Flusskrebses. Poetisch, nicht wahr, und Finefrau erst! Wissen Sie was, auf einem Bein kann man nicht stehen: Am Ende unserer Laufstrecke kehren wir im Biergarten des pittoresken alten Stadions Rote Erde ein, in dem die Borussia von 1937 bis 1974 spielte und einige ihrer schönsten und wichtigsten Erfolge feierte. Heute sitzt man unter hohen Linden und sieht beim Glas Kronen oder Hövel's einem der hier dauernd stattfindenden Leichtathletik-Wettkämpfe zu. Aah!

Wer's härter mag, läuft Marathon. Alljährlich im Mai starten zwischen 15 000 und 18 000 Läufer beim Ruhr-Marathon, dem einzigen Twin-Marathon der Welt. Man startet entweder in Dortmund oder (2009) in Oberhausen, der Halbmarathon in Gelsenkirchen, und trifft sich am Ende in Essen. Die Veranstalter legen Wert auf ein stimmiges Reviererlebnis und lassen die Oberhausener Starter vom Gelände der Landesgartenschau rennen, führen sie durch die Innenstädte von Bottrop (wann kommt man da schon mal hin?) und Gladbeck und leiten sie dann im Bogen durch die Verbotene Stadt. Die weiße Veltins-Arena Auf Schalke, die alte Glückauf-Kampfbahn an der A 42 und Zeche Zollverein sind die nächsten Wegmarken, ehe der Schlussspurt Richtung Essener City beginnt. Zeit zum Fotografieren bleibt unterwegs leider nicht. Eine gemächliche Variante solcher Touren bieten neuerdings immer mehr Veranstalter mit dem Elektroroller Segway an. Selbst dieses ungewohnte Bild kleiner Grüppchen, die sich beim Fahren mit diesen komischen Rasenmähern nur auf ihren Gleichgewichtssinn verlassen, wird heutzutage immer vertrauter. Obwohl der Ich-AG'ler von Welt heute ja auf seiner eigenen Schiene fährt. Auf Inlineskates um den Kemnader Stausee im Bochumer Süden, benannt nach dem historischen Wasserschloss Kemnade. Oder, falls rechtzeitig Zahnarzt gelernt, am Sonntag raus zur Segelregatta auf dem Baldeneysee, dem wunderschönen Haussee der Essener unter der Krupp'schen Villa Hügel.

Das Royal Bambi beim Baseball-Länderspiel

Es geht auch noch gemächlicher. Mit Familie in einem der sogenannten Revierparks. Sagen wir Gysenberg in Herne. Flankiert vom recht tiefen, dunklen Wald, in dem wir am Sonntagnachmittag nach dem Mittagessen bei den Großeltern unsere langweiligen Spaziergänge drehen mussten. Dabei wollten wir Kinder lieber in den kleinen Tierpark, in dem die Braunbären auf 20 Käfigquadratmetern Betonboden ihr Dasein fristeten. Jedenfalls war der Revierpark Gysenberg in den langhaarigen Siebzigern eine Attraktion: eine Eissporthalle! Ein Wellenbad! Volleyballfelder. Tennisplätze. Eine Kartbahn. Schachecken. So oder ähnlich sehen sie auch in Dortmund-Wischlingen oder Gelsenkirchen-Nienhausen aus, sie sind so liebenswert prollig und sozialdemokratisch wie das Ruhrgebiet selbst. Gleiches gilt für das harmlose Wettvergnügen, das unsere Pferderennbahnen bieten. Es macht einen Riesenspaß, auf den Trabrennbahnen in Recklinghausen oder Dinslaken, auf den Galopprennbahnen von Gelsenkirchen oder Dortmund-Wambel die Rennzeitungen zu studieren, seine kleinen Einsätze zu tätigen und mit einem lokalen Bier in der Hand den Zieleinläufen entgegenzufiebern.

Entschleunigung ist angesagt? Dann ab in den Park! Im Bochumer Stadtpark, einem der ältesten und größten im Ruhrgebiet, wird weniger auf Showprogramme gesetzt als auf den reichhaltigen Baumbestand und die gelungene Topografie. Angelegt im letzten Drittel des 19. Jahrhunderts im Stil eines englischen Gartens, sollte der Park allen gesellschaftlichen Schichten zur Verfügung stehen. Das tut er bis heute, und tatsächlich sind einige der Attraktionen meiner Kindheit in Bochum noch erhalten oder endlich restauriert worden. Auf dem zugefrorenen Stadtparkteich Schlittschuhlaufen bedarf keiner weiteren Maßnahme außer einem passenden Winter, aber dass man seit Anfang des Jahrzehnts wieder auf den Bismarckturm darf, der Anfang der Achtziger geschlossen wurde, finde ich prima. Auch das 1884 eröffnete »Milchhäuschen«, lange Zeit ebenfalls im Dornröschenschlaf, wurde wieder zum Leben erweckt und lockt Milchtrinker mit kultigem Retrodesign. Nicht wieder aufgestellt wurden allerdings die beiden übermannsgroßen Bronzesoldaten am Kriegerdenkmal im Alten Stadtpark, die mir früher so viel Respekt einflößten. Als Kind liebte ich ihre glatte Metalloberfläche, konnte aber nicht wissen, dass die beiden 1935 aufgestellten Gesellen an die »im Weltkriege 1914–1918 gebliebenen Helden« erinnerten und reichlich nationalen Ungeist verströmten. Im Februar 1983 sägten Unbekannte die beiden Soldaten oberhalb ihrer Knobelbecher ab; sie kehrten nie wieder an ihren Platz zurück, sondern verschwanden im Stadtarchiv.

Auch der Hoeschpark ganz in der Nähe des berühmten Dortmunder Borsigplatzes, wo 1909 der Ballsportverein Borussia gegründet wurde, ist ein verwunschener Ort mit Charme. Sieht aus wie eine Reichssportanlage mit den Pförtnerlogen aus rotem Ziegel, und in der Tat wurde beim Bau von 1938 bis 1941 die Vorliebe der Nationalsozialisten für den »Heimatstil« berücksichtigt. Eigentlich aber diente der Park den Hoesch-Arbeitern der nahen Westfalenhütte zur Erbauung und Ertüchtigung. Vor allem in den 1950er-Jahren, als man seine freie Zeit vor der Haustür verbrachte und noch nicht »ins Grüne« fuhr, war der Hoeschpark ein beliebtes lokales Ausflugsziel; hier fanden Radrennen, Boxkämpfe, die Weltmeisterschaften der Rollschuhläufer oder das beliebte Fest »Hoeschpark in Flammen« statt. Und heute? Ein dichtes Wäldchen zum Spazierengehen, einige Spielwiesen, ein Kinderspielplatz. Auf roter Asche spielen junge türkische Männer Fußball, am Rand lehnen sich alte Türkinnen mit gestärkten Schleiern und ihre Männer in beigen Strickjacken über das Geländer. Die Zurufe der Spieler erfolgen in lautem Türkisch, nur als ein Tor fällt, rufen sie Jawoll!

Auf dem Rasenplatz innerhalb der alten betonierten Radrennbahn läuft ein Ligaspiel der unteren Klassen, Zuschauer mit Hunden und Kinderwagen haben es sich auf den zugewucherten Steinstufen gemütlich gemacht. Auf dem Platz nebenan wird Baseball unter dem hohen blauen Himmel geübt. Die »Dortmund Wanderes« residieren hier; seit 2007 eine Flutlichtanlage installiert wurde, ist das Baseballstadion sogar länderspieltauglich, es kam zum Freundschaftsspiel Deutschland–Australien. Vor ein paar Jahren konnte man hier übrigens noch kleine Grüppchen Chinesen beobachten, die sich gegenseitig fotografierten. Chinesen? Ja, lesen Sie doch weiter. Die ehemalige Bar im Hoeschpark ist ein beliebter DJ-Club geworden, der erst geheimnisvoll »Vrstck« hieß und mit kryptischen Plakaten für seine Housenächte warb und mittlerweile als »Royal Bambi« bekannt ist. Ein perfektes Ruhrgebietsambiente, das von der jungen, pottvernarrten Subkultur entsprechend honoriert wird.

Im Freibad Stockheide dicht bei liegt man im Sommer so lauschig und zeitverloren auf den Liegewiesen unter Bäumen wie in den Sechzigern. Wie viel Uhr mag es wohl sein, hier verschwimmen die Jahrzehnte. Der nahe Kirchturm in der Flurstraße hat an allen vier Seiten kein Ziffernblatt mehr. Das Viertel wirkt gespenstisch zeitlos. In den baumlosen Straßen Moscheen. Deutsche wohnen hier kaum. Ein Verbindungsweg heißt sinnigerweise Freizeitstraße. Die Straßen Richtung Norden enden in abgezäunten Sackgassen an der Springorumstraße, benannt nach dem ehemaligen Hoesch-Vorstandsvorsitzenden Fritz Springorum. Stacheldraht wie in Berlin früher. Hier beginnt jedoch kein Todesstreifen, sondern das Werksgelände der (unter Thyssen-Krupp firmierenden) Westfalenhütte. Die wurde Stück für Stück von Deutschen und Chinesen (aha!) auseinandergesägt, -geschweißt, verpackt, nach China verschifft und dort eins zu eins wieder neu aufgebaut. Hat es so auch noch nie gegeben.

Für den Umbau und die Erweiterung dieser Zeitkapsel zwischen Schnellstraße und Stahlwerk sollte irgendwann mal Eintritt genommen werden, aber das ist im armen Dortmunder Norden kaum zu vermitteln. Es reicht ja, dass für den Besuch des berühmten Westfalenparks ein kleiner Obolus fällig ist. Für Robinsonspielplatz, Tonnenteich, Geopfad, Wasserspiele, Japanischen Garten, Seebühne, Henriette-Davidis-Kochmuseum. Das Rosarium genießt unter Züchtern Weltruf, das will alles finanziert werden. Besuchen Sie den Park, wenn wieder einmal ein kleiner kulinarischer Markt mit regionalen Spezialitäten lockt oder an einem sonnigen Frühlingswochenende Tausende an Gärtnerständen über die neuen Setzlinge, Blumenzwiebeln und Sämereien der Saison fachsimpeln.

Deutlich mehr los ist im Essener Grugapark, zwischen der beschaulichen Margarethenhöhe und dem quirligen Rüttenscheid gelegen. Das Akronym »Gruga« bezieht sich auf die »Große Ruhrländische Gartenbau-Ausstellung« von 1929; wichtiger ist indes, wie zeitgemäß sich dieser urbane Park heute präsentiert. Ein Besuch im Mediterraneum etwa ist Pflicht, denn unter der deutschlandweit einmaligen Glasdachkonstruktion wachsen Dattelpalme, Feigenbaum, Lorbeere und Orange, geschützt wie daheim am Mittelmeer. Erst Mitte dieses Jahrzehnts wurde das gelb-rote Hundertwasserhaus mit seinen organisch wuchernden Formen und seinem Zwiebeltürmchen eröffnet; immer belagert sind die Themengärten, Grillplätze und Wassergärten der Gruga. Das Unterhaltungsprogramm reicht vom Grugapark-Fest bis zur Fledermausführung und vom »Tag der Dahlie« über den Grugapokal im Rollkunstlauf bis zum Auftritt von Herbert Knebels Affentheater.

Wo hat der Möllerbunker seinen Haltegriff?

So etwas liebt der Ruhrgebietler. Parkfeste, Hafenfeste, Stadtteilgaudis, Gauklermärkte. Alles, was ihm Heimat und Historie vermittelt. Da rennt er zu Zehntausenden hin. Und ebenso funktionieren die Konzepte, die nutzlos gewordenen Industrieflächen und mächtigen Zechen- und Hüttenkulissen in der Freizeit zu nutzen, als sei solches Tun organisch gewachsen. Es ist uns, sieht man von einer gewissen Mäkelphase ab, ein inneres Bedürfnis geworden, mit Mountainbike, Ruderboot, Taucherhelm, Bungeeseil, Snowboard oder Bergstiefeln ausgerüstet in der Industrielandschaft herumzurennen und ein Freizeitverhalten an den Tag zu legen, wie es in Deutschland einzigartig ist. Die Mäkelphase bezieht sich dabei auf die kurze Umgewöhnungszeit in den Achtzigern, in der die Alten, die noch »auf Zeche« waren, röchelnd ihre Steinstaublungenstimme erhoben und das ganze olle Zeug am liebsten abgerissen gesehen hätten. Was man verstehen kann: In den Stahlwerken und Stollen ist ihnen ihre Gesundheit ruiniert worden, als Knappschaftsrentner beschlossen sie ihre letzten hustenden Jahre. Die Zechen und Werksgelände waren verbotene Zone für Ehefrauen und Kinder, höchstens einmal holte man seinen

Opa am Werkstor ab und riskierte einen Blick am Schlagbaum vorbei auf die fremde Welt der Schienenstränge und Maschinenhallen. Und dort soll der kranke alte Mann jetzt klassische Konzerte hören oder Freizeitsport treiben?

Bedanken kann er sich bei Karl Ganser. Das Mastermind der Internationalen Bauausstellung Emscher Park (IBA) hat in den Neunzigern einen entscheidenden Mentalitätsumschwung initiiert, ohne den die Industrieruinen heute wohl abgerissen wären. Die frei gewordenen Areale im Armenhaus des Ruhrgebiets, nämlich längs der Emscher, hätten dann als billige Flächen für Deponien oder Shopping Malls gedient, dafür wäre die Zersiedlung der Landschaft nördlich der Emscher ungebremst weitergelaufen. Die im Wortsinn inneren Werte des Ruhrgebiets überhaupt wahrzunehmen und für Gegenwart und Zukunft zu nutzen, ist Professor Gansers Verdienst. »70 Kilometer Hoffnung«, nannte der *ZEIT*-Architekturkritiker Manfred Sack das sisyphöse Unterfangen.

Ohne IBA allerdings hinge man jetzt nicht in einer Steilwand und suchte darin mit klammen Finger verzweifelt nach Halt. Da ist aber kein Vorsprung, kein Steinbrocken, nichts. Was man jetzt bräuchte, wäre so ein schöner verchromter Haltegriff. Dieses Ding, an dem sich die Oma immer aus der Badewanne hangelt. Aber Chromgriff is nicht. Und warum nennt sich dieses Ding, an dem man hier mühsam emporklettert, eigentlich Möllerbunker? War »Heulsuse« Andy Möller hier mal eingesperrt? Nein, im Möllerbunker wurden die Erze und schlackenbildenden Zuschläge gelagert, die zusammen mit Koks im Hochofen erhitzt wurden. Wir befinden uns also in einem Eisenhüttenwerk, in »dem« Stahlwerk des Ruhrgebiets, das zu den absoluten touristischen Attraktionen zählt. Inmitten der Türme, Hallen, Öfen und Röhren pfeift man fröhlich »LaPaDü«, und das bedeutet Landschaftspark Duisburg-Nord. Ein Gigant ist dieses Werk, dessen Kerngebäude und -anlagen nicht abgerissen wurden, sondern eine neue Funktion erhielten. Zum Beispiel die etwa zwölf Meter hohen schwarzen Möllerbunker, an denen heute Extremkletterer trainieren. Oder der Gasometer: Der wurde, Sie lesen richtig: geflutet. Autowracks und andere Objekte dümpeln nun am Grund; ein phantastisches Übungsareal für Sport- und Extremtaucher.

Grillen unterm Tetraeder

Auch für extreme Kultur ist Platz: In der ehemaligen Gebläse- und Kompressorenhalle stiegen die für dieses Ambiente maßgeschneiderten Technonächte des Phuture Club, führte das Ensemble Modern Werke von Peter Eötvös auf, gastierten Calexico und andere Avant-Gitarrenbands. Duisburgs ungeliebter »Tatort«-Vorzeigeproll Schimanski drehte hier vor spektakulärer Kulisse, ebenso der knarzige Dennis Hopper. Schon 2003 war das Gelände mit über 500 000 Besuchern die beliebteste Natur- und Kulturlandschaft Nordrhein-Westfalens, immerhin noch vor dem Kahlen Asten im Sauerland und dem Drachenfels im Siebengebirge.

Wer »LaPaDü« pfeift, kann übrigens auch gleich hinterher »Ruderal-la-la« singen: Ruderalvegetation nennt man die mitunter seltenen Pflanzen, die sich auf stickstoffreichen Industriebrachen ansiedeln. Manchmal werden auf solchen Flächen Führungen für esoterische Kräuterweiber angeboten, da dürfen Männer aber nicht mit. Albern, oder? Obwohl, magisch ist dieser Ort auf jeden Fall. Da braucht es nicht einmal einen fetten gelben Vollmond über den Hochöfen, denn schließlich taucht die bombastische Lightshow von Jonathan Park den LaPaDü an jedem

Wochenende in gespenstisches Licht. Wenn man in 70 Metern Höhe auf dem Hochofen Nr. 5 steht, sieht das ganze Stahlwerk aus wie ein gestrandetes Raumschiff aus einem Buch von Stephen King.

Die kleine Form reicht uns eben nicht. Ein gewisser lakonischer Gigantismus darf's schon sein. Zum Beispiel in Bottrop. Da steht die Halde Emscherblick in der Gegend herum. Ein künstlicher Berg, 90 Meter hoch, aufgeschüttet aus dem Gestein, das der Bergbau aus der Erde geholt hat. Aber Berg allein ist uns nicht genug. Wir setzen noch eins drauf: den Tetraeder. Eine abermals 50 Meter hohe, luftige Stahlpyramide mit schaukelnden Aussichtsplattformen, die an Stahlseilen befestigt sind. Nachts natürlich spektakulär beleuchtet. Der Blick nach unten fällt fast ungebremst durchs Gitter ... nichts für Leute mit Höhenangst. Aber ein Ausblick über die zerschundene Stadtlandschaft, hinunter auf die Zeche Prosper Haniel, der ebenso ergreifend ist wie ein Blick vom Gasometer Oberhausen, vom Förderturm über dem Bergbaumuseum Bochum oder vom Fernsehturm »Florian« im Dortmunder Westfalenpark. Hatte ich schon erwähnt, dass man unter dem Tetraeder selbstverständlich auch toll grillen kann? Ein Sonnenuntergang dazu, eine Kiste Bier – pittoresker geht's nicht.

Der merkwürdige grüne Wurm, der sich da die Halde nebenan herabschlängelt, ist übrigens das Bottroper Alpincenter. Alpin, das verstehen Sie doch? 40 Zentimeter tiefer Schnee! Lifte! Ski und Rodel gut! Die größte Indoor-Wintersport-Anlage der Welt. Darunter tun wir's einfach nicht. Und was man hier für vergleichsweise kleines Geld erleben kann! Holländer vor allem. Anfänger schlittern mehr schlecht als recht auf geliehenen Snowboards die 640 Meter lange Piste hinunter, lassen sich vom Skilift mitschleifen oder blamieren sich beim Rodeln in der Steilkurve. Derweil tobt in der Après-Ski-Area eine Nonstop-Original-Ötzi-goes-Ibiza-Party mit Jagertee und Semmelklößen, rot-weiß karierten Tischdecken und Gamsbärten am Hut.

Eine Halde weiter steht Kunst obendrauf: Richard Serras in den Boden gerammte, über 14 Meter hohe und an die 70 Tonnen schwere Stahlplatte namens »Bramme (für das Ruhrgebiet)« auf der Schurenbachhalde. Die steht da und gehört genau dort hin, wie aus Stanley Kubricks »2001« vom Himmel gefallen, ebenso wie der Tetraeder ein paar Kilometer weiter in Bottrop oder das umstrittene »Terminal« von Serra am Bochumer Hauptbahnhof. Das rostet stillvergnügt seit den Achtzigern vor sich hin und zeigt dem Ruhrgebietler wie eine Jahrzehnteuhr an, wie die Zeit verrinnt und ferne Reiche untergehen, aber der SPD-Ortsverein bleibt, wenn auch schwankend.

Übrigens entblödete sich die CDU-Opposition seinerzeit nicht, das wunderschön ins fragile Gleichgewicht gekippte Schrottensemble schwarz lackieren zu wollen. Aus Gründen der Ästhetik. Das hätte zwar (in der Variante »matt schwarz«) einerseits ungewollt subtil an den Ehrenkodex zu Geld gekommener Ruhris gemahnt, die ihre teuren Tiefergelegten gern matt schwarz rollen, um in der Siedlung nicht zu sehr aufzufallen. Street credibility nennt das der Hip-Hopper. Aber andererseits … nun ja, sie haben es eben nicht verstanden. Dabei passt Serra wunderbar zum Ruhrgebiet, und überdies hat es etwas sehr Pragmatisches, seine dezentralisierte und dekonstruierte Industrie- und Stadtlandschaft mit ein paar Landmarken zu strukturieren. Hat ja auch was von Duftmarkensetzen, von Inlandnahme.

Der Goldene Pflasterstein für den Sieger!

Skateboardfahren (und Graffitisprühen) übrigens auch. Im Ruhrgebiet mit seinen Parks und Plätzen, seinen hingekippten Haufendörfern und urban möblierten Fußgängerzonen gibt es astreine Spots. Eine Treppe zum Grinden findet sich überall, etwa gegenüber dem Dortmunder Hauptbahnhof, wo Punks und Skater locker miteinander abhängen; leider hat der legendäre Plattenladen Last Chance am Kopf der Treppe mittlerweile dicht, und bei Saturn mag ich keine Krachmusik kaufen.

Skateboardfahren kommt hier offenbar nie so richtig aus der Mode; dahinter steckt ein lässiges Lebensgefühl jenseits von »Sport treiben«, das sehr gut zum Ruhrgebiet passt. Bei einer der letzten großen Wellen Ende der Achtziger hatte ich das Glück, mittendrin zu sein. Es sollte ein riesiges, nie da gewesenes Event geben, eben weil es so viele Skateboardverrückte gab. Der damals noch minderjährige Bochumer Martin Magielka trat mit seinem RAP-X Store als Veranstalter auf, seine hochbetagte Mutter saß rauchend im Hinterzimmer und firmierte als Bürgin, und meine spätere erste Frau Andrea organisierte also den »1. Skateboard-Europacup Essen 1989«. Wir mussten pro forma mit dem Essener Rollsportverein kooperieren, bekamen aber dafür nichts weniger als die Grugahalle als Veranstaltungsort. Stellen Sie sich diesen Messe- und Kulturtempel vor, okkupiert von einer bunten Horde Verrückter mit Dreadlocks, Stüssy-Shirts und weiten Hosen, die vor und in der Halle zu ohrenbetäubendem Skatepunk ihre Tricks übten. Wie gesagt, 1989. Natürlich musste die Halle in letzter Minute in Nachtarbeit aufwendig mit einem neuen Schutzboden ausgelegt werden, aber dann konnte der Contest beginnen.

Aus ganz Europa waren die Sportfreunde angereist, das englische Zorlac-Team übernachtete auf meinem schwarzen IKEA-Sofa, und als der Tag des Finales kam, stellte Andrea fest, dass wir keine Pokale für die Sieger hatten. Es war aber Samstag. Das hieß, die Läden schlossen um 14 Uhr. Und mir fiel die Aufgabe zu, irgendetwas aus dem Hut zu zaubern. Ich besorgte also einen Karton gebrochener Skateboardachsen aus dem RAP-X Store, trieb mich zu Inspirationszwecken im Baumarkt herum und erschien schließlich kurz vor der Preisverleihung mit den fertigen Preisen... In massive Pflastersteine (die Fachwelt assoziiert jetzt bitte »street«) hatte ich mühevoll Löcher gebohrt, dort hinein je eine zerbrochene Achse geschraubt (»Skatepunk«) und das Ganze in Gold, Silber und Bronze angesprüht (»Graffiti«). Aus dem Wettbüro an der Bochumer Brückstraße, das auch Taubenzüchterpokale führt, kamen die Messingschildchen mit der eingestanzten Disziplin (Street, Freestyle und Ramp), sodass auch alles seine seriöse Ordnung hatte. Ich habe nie wieder schönere und aussagekräftigere Sportpreise gesehen, und auch nie wieder dümmere Gesichter, als die mordsschweren Dinger in den Rucksäcken der Sieger verschwanden.

Elf Freunde (10):
»Skaten in der Vorstadt«

Habe das Ruhrgebiet bewusst wahrgenommen ab
Ende der Siebziger. Aus dem Garten meiner Großeltern in Dortmund-Hacheney, über die Himbeersträu-
che hinweg: das grandiose Panorama aus Westfalenstadion, Florianturm und Hochöfen von Phoenix-West.
Später dann Skaten durch die Reihenhaussiedlungen
der Vorstadt. Nach dem Führerschein: Proben in
schimmeligen II. WK-Bunkern, belohnt durch Gigs
in wilden Houseclubs. Die Menschen sind auch im
Zeitalter der Dienstleistung wunderbar nahbar geblieben. Und resistent gegenüber Moden. Manchmal fehlt mir der Blick über den Rand der Pommesschale, die Lust am Entdecken. Egal. Gerade sitze

ich in Berlin. Und würde jetzt trotzdem am liebsten entlang der Industrieruinen über die A 42 ins Abendrot düsen.

Jan Wilms, 33, Journalist und Musiker, Dortmund und Berlin

Subkultur mit einem Schuss Hochkultur, und wie alles zusammenhängt

Zuerst einige Pflichtsätze über die Hochkultur. Zwei Absätze, okay? Das Essener Museum Folkwang mit seinem neuen Bau an alter Stelle, der sich kühn zur Stadt hin öffnet, das Bottroper »Quadrat« mit dem Josef-Albers-Museum – beide Museen kooperierten 2008/2009 während der Zeit des Folkwang-Neubaus, wodurch in Bottrop wundervolle Gegenüberstellungen von Albers-Werken mit solchen von Mark Rothko, Donald Judd oder Barnett Newman möglich wurden – oder, auf der technischen Seite, das Bochumer Bergbaumuseum haben allesamt Weltgeltung, die hier nicht verhandelt werden muss. Wir haben im Ruhrgebiet die weltweit größte Theater-

und Musicaldichte neben London und New York: das Bochumer Schauspielhaus, die Ruhrfestspiele in Recklinghausen, das Aalto Theater in Essen, das Musiktheater im Revier in Gelsenkirchen oder das Theater an der Ruhr in Mülheim. Und die Neuen: die wunderschöne Philharmonie am Platz des alten Essener Saalbaus. Oder das moderne Konzerthaus in Dortmund. Diesen Glaswürfel 2002 ausgerechnet in der verrufenen Brückstraße der Junkies, Zuhälter und Hehler zu platzieren wie einen Rauschgoldengel im Hundehaufen, war politisch gewollt und wertete wie erhofft das ganze Viertel auf. Zunächst jedenfalls. Im Sommer 2009 ist hier bereits ein neuer Niedergang auszumachen, Ladenlokale stehen leer, es fehlt der Quartiersmeister, der nach dem rechten sieht. Am Konzerthaus liegt es nicht.

Zählt man zu Museen und Stadttheatern noch die erfolgreichen Musicals dazu, vor allem den Bochumer Dauerbrenner »Starlight Express« und die wechselnden Darbietungen im Essener Colosseum, kann man sich im Ruhrgebiet vor lauter Kultur und Entertainment kaum retten. Das haben wir uns richtig erarbeitet: Wer nach dem Krieg mit einem Eimer Kohle zur Bühne gerannt ist und damit seinen Eintritt bezahlte, hat sich die Ruhrfestspiele und ihre immer neuen Besucherrekorde redlich verdient. Und wer Anfang der Achtziger die heilige Johanna der Schlachthöfe zwischen Schutthaufen in der besetzten BO-Fabrik erlebte, nämlich in Alfred Kirchners legendärer Schauspielhaus-Inszenierung mit Therese Affolter in der Titelrolle, hat für sein Leben genug Theater gesehen.

Und jetzt der spannende Teil: Kurt Biedenkopf und Frank Zappa seien daran schuld, dass im Ruhrgebiet eine Subkultur entstand, aus der alles andere wuchs, schrieb ich vor fünf Jahren. Eine flotte These, nicht wahr? Biedenkopf, weil er 1965 Gründungsrektor der ersten Universität im Ruhrgebiet war, der Bochumer Ruhr-Uni. Ohne Uni keine Studenten, ohne Studenten keine Studentenkneipen und Programmkinos, ohne Studentenkneipen und Programmkinos keine dummen Gedanken, ohne dumme Gedanken keine florierende Kultur. Und Bürgerschreck Zappa, weil er Ende September 1968 Headliner der Internationalen Essener Songtage war. Er und 200 subversive Spießgesellen zogen an fünf Tagen 40 000 Zuschauer in die Grugahalle und ins Jugendzentrum an der Papestraße, und das noch alles vor Woodstock!

Blogger beim »Twittagessen«

Beides wirkte lange nach, wahrscheinlich mehr, als so mancher heutige Blogger glaubt. Die Blogosphäre wiederum ist die dem Ruhrgebiet angemessene kulturelle, mediale und kommunikative Lebensform. Das Ruhrgebiet ist ja nicht Frankreich; es hat kein Paris, nach dem alles drängt und dessen Sog sich niemand entziehen kann. Nicht zuletzt der fortschreitende Bau der Kulturhauptstadt hat jedem Zentralismus eine Absage erteilt, allerdings auch jeder Kirchturmpolitik. Wir sind hier dezentral organisiert, basta, das ist unser Fluch und unsere Chance, und nichts entspricht dem dezentralen Lebensgefühl so sehr wie der Gedanke des Netzwerks. So jung die Bloggerei auch noch ist, so aktiv ist die Szene. Die *Ruhrbarone* etwa, erfunden von Stefan Laurin und David Schraven in der Bochumer Astrakneipe »Freibeuter«, haben sich in der recht kurzen Zeit seit Dezember 2007 zu einem ernst zu nehmenden Medium gemausert: »Journalisten bloggen das Revier« lautet der Untertitel, und was die 35 Kollegen (Stand Mitte 2009) da rund um die Uhr eigenständig und ohne Rückendeckung durch Verlage oder Sponsoren recherchieren, gehört mittlerweile zum täglichen Brot der Nutzer. Die Seite hat sich bundesweit in die Top Twenty der meistgelesenen Blogs katapultiert und sorgt mit kritischer, oft subjektiver Berichterstattung aus dem Ruhrgebiet für Schlagzeilen auch in den Altmedien. In den besten Momenten (»Wattenscheider Schule«) ist es Gonzo-Journalismus reinsten Wassers, der den humorbegabten Leser erquickt; wer über kommunalpolitische Absonderlichkeiten, das (sub-)kulturelle Tagesgeschehen und Szenetratsch gleichermaßen informiert werden will, kommt an den Baronen nicht vorbei. Gut gewählter Name auch; erinnert an die »Schlotbarone«, die Entrepreneurs der Industrialisierung.

Weitere Ruhrgebiets-Blogs heißen Pottblog, Hometown Glory, Gelsenclan, als kulinarischer Blog auch Kompottsurfer. Das Forum, das sich dem vernetzten Leben wohl am intensivsten widmet, dürfte RuhrDigital sein. Mit »online vernetzen, offline bewegen« ist hier das Ziel genannt, die Welt der Digitalnomaden tiefer und bewusster zu machen. Mitunter kommt es zu lustigen Wortneuschöpfungen, wenn sich Blogger und Twitterer nicht zum Lunch, sondern zum »Twittagessen« im Bochumer Bermudadreieck verabreden. Eine wichtige Keimzelle der digitalen Subkultur ist das »Unperfekthaus« in Essen, das der Ruhrgebietsbesucher ebenso auf dem Zettel haben muss wie Zeche Zollverein und Gasometer Oberhausen. Das Unperfekthaus befindet sich direkt neben dem neuen Monstereinkaufszentrum »Limbecker Platz« in der Essener City, ist ein altes Kloster und bietet seinen Nutzern – Raum. Raum im Sinne kostenloser Ateliers und Bühnen, Raum zum Essen, Kaffeetrinken oder Tischtennisspielen, und vor allem geistigen Freiraum zum Ausprobieren und Verwirklichen aller möglichen Theorien und Gedanken. Die Open Source-Idee, die hinter diesem »Künstlerdorf, Kneipe, Hotel« (Eigenwerbung) steckt, kommt nicht von ungefähr: Gegründet hat das UpH der IT-Unternehmer und Linux-Spezialist Reinhard Wiesemann, und völlig zu Recht hat dieses kühne Projekt 2007 den Kulturpreis der Kulturpolitischen Gesellschaft und weitere Auszeichnungen eingeheimst.

Die *Ruhrbarone* unter den bundesweiten Top Twenty der erfolgreichsten Blogs – vergleichbare Chartsnotierungen kann man bei der regionalen Popmusik leider kaum entdecken. Obwohl die Fans schon in der Frühzeit des Rock'n'Roll bei Auftritten von Bill Haley und ein Jahrzehnt später bei den Stones gern mal die Essener Grugahalle zerlegten und damit ihr reges Interesse am Rock-Lifestyle dokumentierten, hat die Region doch nur vereinzelt herausragende Stars hervorgebracht. Jan Wilms im

Edelkulturmagazin *zwanzig 10*, dem selbst ernannten »Journal der Kulturhauptstadt«: »Was (dem Ruhrgebiet) oft fehlt, ist eine kosmopolitische Extravaganz: Die Mentalität der Region feiert eher das Kollektiv als den Narziss. Ehrliches Handwerk ist ihr lieber als Showeinlagen.« Autsch! Bedeutet das, sich dem duften Deutschrock so mancher Pils-und-Pommes-Mundartler auszuliefern? Nein! Wir brauchen hier keinen Schnäuzerträger Wolfgang Petry, der sich mit seinem Stadionbrüller »Ihr seid das Ruhrgebiet« bei moralisch nicht gefestigten Freundschaftsbändchenträgern anbiedert. Jetzt kommen Sie mir nicht mit Grönemeyer und Nena. Zieht man bei dem einen den Bochum-Bonus ab und bei der anderen den »Komm nach Hagen, werde Popstar«-Hype, so haben beide ihre eigentliche Karriere erst gestartet, als sie längst nicht mehr im Ruhrgebiet lebten.

Die großen drei Bands von früher

Eine halbwegs lebendige Popkultur, die auch bundesweit wahrgenommen wurde, hat es hier nur in den Achtzigern und Neunzigern gegeben: Niederrheinischer Folkrock von M. Walking On The Water aus Krefeld. Neil Young'sches Songwriting von den Flowerpornoes aus Duisburg. Intelligenter deutscher Nöhlblues vom Essener Stefan Stoppok. Chartstechno vom ehemaligen Industriekaufmann Mark'Oh aus Dorsten. Teenierap vom Mädeltrio Tic Tac Toe aus Dortmund. Love-Parade-Hymnen von Hooligan aus Gelsenkirchen. Braver Pop vom braven Sasha alias Dick Brave aus Soest. Dazu die Splittermusiken zwischen Waltrops Mittelwestenbands vom Schlage Ferryboat Bill, Dortmunds Hip-Hop-Szene um das Too-Strong-Kollektiv und Oberhausens Stirb-in-Schönheit-Pop à la Oil On Canvas. Zusammengezählt, haben diese Musiker wahrscheinlich weniger Platten und CDs verkauft als das durchschnittliche Frühjahrsprogramm von Century Media hergibt. Das ist ein international operierendes Metal-Plattenlabel mit Sitz im Dortmunder Hafen. Von der Dachterrasse des ehemaligen Handelskontorgebäudes mit dem gemeißelten Spruch »Kaufmannsgut ist Ebbe und Flut« im Entree geht der Blick über Hafenbecken, Güterbahngleise, Abraumhalden und Schrebergärten. Hier oben feiern die erfolgreichen Metal-Macher gern sommerliche Grillabende mit ihren Bands. Wir sprechen übrigens von progressivem Death Metal, und der klingt mitunter so, als versuche sich eine Horde Orks beim Ausweiden ihrer Opfer an der Carmina Burana.

»Metal gehört ins Ruhrgebiet«, sagen die Century Media-Leute: »So richtig in die Fresse.«

Aus der guten alten Zeit der Achtzigerbands haben sich nur drei Namen dauerhaft etablieren können, die längst auch ihre Feuilletonreife bewiesen haben. Meine drei Soundtracks, Sparte Rock, für das Ruhrgebiet: Der rüde Thrash-Metal der Altenessener Band Kreator ist weltweit ein Begriff. Wenn man durch Essens nördliche Vororte wie Karnap cruist, versteht man auf Anhieb den Kreator-typischen Mix aus Punk-Attitüde, Frustbewältigung und einer Herkunft, die in der Bandgründung im Schatten des Kulturzentrums Zeche Carl den einzigen Ausweg sah. Die intelligenten, rebellischen Texte des Vordenkers Mille Petrozza setzen der ultraschnellen, rohen Spielart des Heavy Metal erst die Spitze auf. Musikalisch verwandt, aber in Zeitlupe, pulsieren dagegen die quälend langsamen nächtlichen Instrumentals von Bohren & The Club of Gore aus Mülheim. Minimalschlagzeug, Gitarren, Saxofon, kein Gesang. Neulich in einem dieser speziellen »Konzertsäle«, für die das Ruhrgebiet berühmt ist, Kokerei Zollverein: Zwölf monströse Betonzitzen hängen da von der Decke und sehen aus wie ein gigantischer Eierkarton von unten, sicher irgendwelche Koksschütten, und ganz winzig klein darunter die Bohren-Musiker im Halbdunkel mit ihren SloMo-Metalposen. Wenig passend fand ich ihre neuen Mönchschöre, das haben die doch gar nicht nötig; sehr geil dagegen die knappen Ansagen wie »Das nächste Stück handelt von (!!) Engeln... (Kunstpause)... Müttern... die in viel zu großen Autos... ihre blöden Kinder zum Sport fahren.« Und dann das gleiche Stück wie gerade, gefolgt vom nächsten Stück wie gerade, das aber als »Wenn man sich nass fühlt, ohne dass es regnet: Ich steh am Tresen« angesagt wird. Die Hände des Gitarristen / Saxofonisten / Glatzenmanns haben übrigens voll gezittert, als er mit der Gabel im Salat stocherte, der vor dem Konzert als Beilage zu Braten mit Salzkartoffeln und Soße im Kokerei Café gereicht wurde.

Dritter in der Garde der Alten ist der ewig junge Phillip Boa mit seinem Voodooclub, einziger Vertreter eines störrischen, immer wieder modernisierten Indierock, der bestens zur hiesigen Mentalität passt. Zuletzt erschienen ein gutes und mit »Diamonds Fall« ein ausgezeichnetes Album, und noch immer nimmt der Dortmunder Boa seine Songs auf Malta auf und tourt regelmäßig durch die Republik. Im Herbst 2009 gibt es einen Leckerbissen für alle Fans deutscher Rock-Historie, denn die 70-jährige Schlagzeuglegende Jaki Liebezeit von Can wird

sich der fälligen Tour anschließen und seinen sto-
ischen Beat unterlegen. Obwohl der Voodooclub
vor allem in den deutschen Metropolen hervorra-
gend funktioniert und in Ostberlin, Dresden, München und Köln volle Häuser bespielt, will ich Ihnen
den kleinen Aufsatz über einen Gig im unglaublichen Duisburger »Pulp« nicht vorenthalten, den ich
für die erste *Gebrauchsanweisung* schrieb:

Der Beat der Industrieanlagen

Und dann steht man im Pulp und ist erst einmal
geplättet. Hier hat sich das Ruhrgebiet der Frickler
und Baumarkthengste, das Ruhrgebiet der monoma-
nischen Bastler und Sammler ausgetobt. Stellen Sie
sich einen gutmütigen Balkanhünen namens Drago
vor, der sich mit seinen eigenen großen Händen
aus dem ehemaligen S-Bahnhof Duisburg-Hoch-
feld eine mittelalterliche Burg gebaut hat, komplett
mit Schlossturm und Zinnen. Eine jeden Rahmen
sprengende skulpturgewordene Baggergreifschau-
fel empfängt den Gast im Entree, es gibt Gewölbe
und Rittersäle mit mächtigen hölzernen Tafeln und
massiven Stühlen, in deren Lehnen archaische Tier-
figuren geschnitzt sind. Geflexte Alkoven für die

Madonna, Christusbilder, Echsen und Drachen aus Stahl und blasphemische Wandskulpturen, an denen H. P. Lovecraft seine düstere Freude hätte. Und über allem weht der Duft von − Cevapcici! Es ist nicht zu fassen, das Gruftiepublikum in Lack und Leder gabelt sich brav Krautsalat vom Büffet und steht für restjugoslawische Fleischspieße und Grillkoteletts an. Das ist so souverän weit weg von großstädtischer Hipness, dass es einfach nur klasse ist und mir Tränen des Stolzes auf meine coolen Stammesbrüder und -schwestern in die Augen treibt.

Boa wiederum (»Making noize since 1985«), nun ja, der passt hierhin. Nach den erfolgreichen Mittneunzigern, in denen er der deutsche Indieheld war, und einer Phase der Versenkung füllt er mittlerweile wieder die größeren Rockclubs im Lande. Längst haben er, seine Exfrau und Sängerin Pia Lund und ihr manisch trommelnder und gitarrensägender Voodooclub im Osten ihre fanatischste Gefolgschaft, aber was ist das Ruhrgebiet anderes als ein Stück Ostdeutschland, und deshalb und weil der Weg ins Pulp schon so surreal war, sinken wir auf die Knie, beidhändig Pilsbier vernichtend, und beobachten: Wie der größte Boa-Hit »Container Love« − die Geschichte vom Penner, der eine kaputt romantische Liebesbeziehung zu seinem Schlafcontainer pflegt – immer noch die Massen zum Schwärmen bringt. Wie hier alter Punk-Spirit ohne Nostalgie hochgehalten wird. Wie der langmähnige Boa in seinem Anzug abgehackte Bewegungen kultiviert und dabei fast ängstlich auf Stil und Haltung achtet, auf dass er bloß nicht in den Verdacht des kommerziellen Ausverkaufs kommen möge. Wie seine Musiker mit großer Spielfreude die Hits des Voodooclubs zerlegen und neu zusammensetzen und wie das Publikum mitgeht und mitsingt bei »Annie Flies The Lovebomber« und »This Is Michael« und »Atlantic Claire«. Wie die Fans bei »And Then She Kissed Her« ihrer weißen Göttin Pia Lund zu Füßen liegen und wie diese sich mit den schrillen, Yoko-Ono-ähnlichen Schreien von »Skull« revanchiert. Es ist alles da, was gute, zeitlose Popmusik je ausgemacht hat, Hits & Trotz & Attitude, und deshalb wären eine Hand voll Boa-Songs, angeführt von »Kill Your Ideals«, ein höchst passender Soundtrack für das Ruhrgebiet.

So weit das Eigenzitat. Seien wir aber ehrlich, Popmusik im alten Band-Kontext ist eher ein Auslaufmodell. Zwar halten die jungen Kilians aus Dinslaken neuerdings die Fahne des frischen, frei heruntergelümmelten Rock'n'Rolls hoch und haben mit »Hometown« sogar eine Ruhrgebietshymne, aber die

Musik spielt doch woanders. Elektronische Sounds, Techno und DJ-Kultur sind deutlich zeitgemäßer und erfahren immer neue Anwendungen auch diesseits der Clubtüren. Mayday und Loveparade, die beiden Techno-Großveranstaltungen, sind im Ruhrgebiet zu Hause – wenn auch Dortmunder Anwohner alles dafür tun würden, wenn sich die Hinterhof-Drogengeschäfte und Hauseingang-Pinkelorgien der 2008er-Loveparade nie wieder in ihrer Stadt abspielen würden. Es hat übrigens überraschend lange gedauert, bis sich Techno und House hier durchgesetzt haben. Obwohl die Industrie-Locations, in denen wir unsere Clubs gern unterbringen, geradezu nach elektronischen Beats schreien. Noch einmal Jan Wilms in *zwanzig 10*: »Techno klingt wie die späte Antwort auf den längst verhallten Takt der Industrieanlagen.« Das Geschmacksdiktat des hemdsärmeligen »ehrlichen« Deutschrock, produziert von schwitzenden SPD-Gitarrenfacharbeitern, ist längst von Superstars wie dem Recklinghäuser DJ und Produzenten Moguai gebrochen worden. Die heutige Party-Community ist denn auch die einzige Bevölkerungsgruppe, die das Ruhrgebiets-Metropolenleben vorbildlich lebt. Sich nächtens auf der Achse Dortmund–Düsseldorf hin- und herzubewegen und in Essen zwischenzulanden, ist für sie absolut selbstverständlich. Ein kleines Problem hat sich allerdings 2009 ergeben: Das riesige Gelände der Dortmunder Thier-Brauerei, wo sich ein halbes Dutzend Bars und Clubs etabliert hatte, wurde im Sommer geschleift und musste einer neuen Shopping Mall weichen. Da zeitgleich auch andere Clubs schlossen, teils wie die Institution »Live Station« wegen des zu renovierenden Hauptbahnhofs, teils aus strategischem Verknappungskalkül wie das obskure »Vrstck« im Hoeschpark, steht Dortmund auf einmal ohne Clubs da. Die Jusos, nicht faul, machten das »Discosterben« zu einem kommunalen Wahlkampfthema und kämpfen seitdem »für ein neues Discoviertel in Dortmund«. Das dürfte bundesweit einmalig sein.

Picknicken mit dem DJ

In der Zwischenzeit bleibt den Dortmundern wenig übrig, als gute Ideen zu haben. Paul Baranowski etwa, langjähriger Leiter des Freizeitzentrums West (FZW), ging mit »Summer Sounds« samt DJ-Pult und Picknickkorb in die Dortmunder Parks und ließ deutschlandweit bekannte Koryphäen ihre Sets im Grünen spielen. Es geht auch noch größer: Das erstaunliche Festival »Juicy Beats« findet seit 14 Sommern im Dortmunder Westfalenpark statt und zog am 1. August 2009 erstmals über 20 000 Besucher an. Ein Festival elektronischer Musik als Familienausflug konzipiert! Denn auch tagsüber spielen dutzende Acts auf mehreren Bühnen, was herumtollende Kinder und erfahrene Hipster gleichermaßen kickt. Die Macher um DJ Carsten Helmich entstammen dem fast schon untergegangenen Ruhrgebiet der Neunziger, in dem noch Medien wie *Marabo* oder bestens beleumundete Konzertorte wie das alte FZW die popkulturelle Folie bildeten. *Marabo*, das Magazin fürs Ruhrgebiet, eine der dienstältesten Stadtzeitungen Deutschlands, stellte im Juli 2005 sein Erscheinen endgültig ein; die Protagonisten gründeten das *Wirtschaftsmagazin Ruhr*, wurden Ruhrbarone oder kaprizierten sich wie dieser Autor auf Restaurantführer wie *Essen geht aus*. Verwunderlich war das Aus für *Marabo* nicht, schließlich wurzelte das Blatt ideologisch in den späten Siebzigern und frühen Achtzigern, und auch wenn in dieser Zeit die (Sub-)Kultur im Ruhrgebiet entscheidend von punkigen Hausbesetzungen, selbst verwalteten Jugendzentren und der prägrünen Alternativkultur geprägt wurde, war diese Szene Mitte der Nullerjahre doch arg saturiert. Immerhin hat sie dem Ruhrgebiet eine erste subkulturelle Infrastruktur beschert, und auch die sich ständig diversifizierenden Jugendstämme wären ohne die Vorarbeit der Alten nicht denkbar gewesen. Teils illegale Veranstaltungsorte, Proberaumbunker, spannende neue Konzerthallen wie die Zeche Bochum, neue Kneipen, neue Medien: In den fünf Jahren zwischen 1978 und 1983 wurde der Grundstein für einen Strukturwandel der etwas anderen Art gelegt. Auch unsere sehr lebendigen Freien Theater und Kulturzentren stammen aus dieser Ära: Zeche Carl (Essen), Bahnhof Langendreer (Bochum), Rotthaus (Duisburg), Ebertbad (Oberhausen), Fletch Bizzel (Dortmund), Prinz Regent (Bochum), Theater Kohlenpott (Herne), Theater Freudenhaus (Essen) leben alle noch und machen munter weiter Programm.

Wo wir gerade so nett über Printmedien geplaudert haben: Gemessen an der Einwohnerzahl gibt es im Ruhrgebiet erstaunlich wenig Intelligentes zu lesen. Für historische und lokalpatriotische Bücher mit leicht altlinkem Einschlag steht der Essener Klartext-Verlag, für überaus erfolgreiche regional gefärbte Kriminalromane der Dortmunder Grafit Verlag. Versuche mit Regionalausgaben der *tageszeitung* oder der *Süddeutschen Zeitung* in der Mitte des Jahrzehnts schlugen dagegen fehl; die Bastion des Quasi-Monopolisten *Westdeutsche Allgemeine Zei-*

tung (*WAZ*) scheint uneinnehmbar. Neben über-wiegend verlässlichen Veranstaltungs- und Lifestyle-magazinen wie *Coolibri, Heinz* oder dem aus dem Ruhrgebiet stammenden *Prinz* zersplittert sich die Printlandschaft in einige Special-Interest-Titel wie *Visions* (Dortmund, Indierock), *Rock Hard* (Dort-mund, Metal) oder *Smag* (Essen, Dance). Das schöne Interviewmagazin *Galore* (ebenfalls Dortmund) ist nach einigen inhaltlichen Verwässerungen 2009 ein-gestellt worden und nur noch online zu lesen; das Archiv lohnt aber immer noch, es sind großartige Interviews darunter! Ausschließlich online gibt es das schicke Netzmagazin *Spoonfork* (Duisburg), das stylingmäßig nun gar nichts mehr mit der Vergan-genheit zu tun hat. Und da sich der heutige Digi-talnomade offline auch hübsch anziehen und ein-richten muss, bekommt er mit *Heimatdesign* (schon wieder Dortmund) nicht nur das passende Groß-stadtmagazin an die Hand, sondern auch gleich den gleichnamigen Shop in Sichtweite des Dortmunder »U« dazu. Was den Kreis schließt, denn Heimatde-sign-Macher Marc Röbbecke und die von ihm ver-tretenen Designer sind ja eben Teil der kreativen Szene, die das »U« bündeln will.

Die Mischung aus den Blogs & Beats der Jun-gen und den erfolgreichen Veranstaltungen aus dem

Geist der Achtziger macht die Szene im Ruhrgebiet aus. Wichtige Clubs und Konzertorte wie das FZW erstehen als schicker Neubau neben dem »U« wieder auf und bieten dann Platz für hoffentlich wieder relevante Konzerte und 1500 Leute. Der weltweit zu den 100 besten Jazzclubs zählende »Jazzclub Domicil« ist seit seinem Umzug in die Dortmunder City ein urbaner Hotspot mit Metropolen-Atmosphäre. Und auch Feierviertel wie das berüchtigte Bochumer Bermudadreieck haben sich dank professioneller Imagepolitur wieder neu erfunden. Ein Ausgehklassiker, in dem sich Szenekneipe an Szenekneipe reiht. Das allsommerliche Straßenfest »Bochum Total« gehört bundesweit zu den Publikumsrennern, und noch immer fallen am Wochenende die Jungs mit Ennepetaler Kennzeichen im Bermudadreieck ein, wollen Ampelrennen spielen und reißen grauenhafte Lücken in die einheimischen Bier-, Pizza- und Zahnarzthelferinnenvorräte …

Elf Freunde (11):
»Roter Himmel gesucht«

Wenn ich abends aus meinem Kinderzimmerfenster in Hattingen-Blankenstein / Welper blickte, gab es regelmäßig diese Momente, in denen sich der Himmel plötzlich leuchtend zinnoberrot färbte. Eigentlich musste ich gar nicht groß rausgucken. Mein ganzes Zimmer war in dieses gleißende Rot getaucht. Die Hütte machte »Stich«. In der Henrichshütte, 1500 Meter Luftlinie von mir, wurde kochender Stahl ausgegossen. Ich assoziierte einen orangeroten Himmel (auch nachts) also mit »Zuhause«. Aber der rote Himmel war dann irgendwann weg.

Mitte der Achtziger nabelte ich mich nach Essen ab, wo sie immerhin McDonald's hatten. Ich wohnte am

Rüttenscheider Stern, das war für einen gebürtigen Blankensteiner gefühlt Mexiko-City. Aber meine Freundin und die McDonald's-Filiale waren dann irgendwann weg. Heute lebe ich Grenze Frohnhausen / Haarzopf, bin verheiratet und habe einen Hund. Für den zinnoberroten Himmel verreise ich manchmal nach Kalifornien. Aber ich bin ja jetzt auch schon groß.

Jan-Michael Richter (JAMIRI), 43, Comiczeichner

Bereits erschienen:
Gebrauchsanweisung für...

01/0004/07/L

01/0005/07/R

01/0006/07/L

Reinhold Neven Du Mont
Gebrauchsanweisung für Köln

224 Seiten. Gebunden

Der Kölner ist ein Weltbürger. Aber wenn er von einer
Reise zurückkehrt, treten jedem echten Kölner beim Anblick seines Doms die Tränen der Rührung in die Augen.
Sein Glück ist erst wieder hergestellt, wenn er dann heim-
kommt ins eigene »Veedel«, sein Viertel, mit dem ihn eine
tiefe, oft lebenslange Beziehung verbindet. Und damit beginnen sie schon, die Widersprüche der Kölner. Fromm soll es
dort nämlich zugehen, dunkel, katholisch und bürgerlich.
Aber was ist mit der rheinischen Frohnatur, dem Karneval und
dem Kölsch? Wo bleibt der 1. FC, und welche Rolle spielen
die weltberühmten Museen? Reinhold Neven Du Mont kennt
sich aus in Köln, kennt den Klüngel und die Kölner mit all
ihren Widersprüchlichkeiten. Er erzählt von einer Altstadt, in
der kaum etwas wirklich alt ist, von der berühmten Schäl
Sick, dem Rheinauhafen und von einer höchst bemerkens-
werten Fahrradtour vorbei an den kleinen Sehenswürdig-
keiten der Stadt.

01/1456/02/R

PIPER

Silke von Bremen

Gebrauchsanweisung für Sylt

224 Seiten mit 1 Karte. Gebunden

Sylt zählt knapp 20 000 Einwohner und ist dennoch
Deutschlands Urlaubsinsel Nr. 1. Silke von Bremen kennt
sich in der Historie so gut aus wie in der Gegenwart. Sie
weiht uns in die Befindlichkeit der Insulaner ein, erklärt die
feinen Unterschiede zwischen Kampen und Keitum, lässt
uns die Insel mit anderen Augen sehen. Denn Sylt ist mehr
als Schickimicki, Gosch und Sansibar. Verblüffend ist die
Vielfältigkeit dieses Mikrokosmos, grandios sind die
Naturräume, unerwartet die Geschichten dieses gerade mal
100 Quadratkilometer großen Eilands zwischen List und
Hörnum. Auf dem vieles ganz anders ist als erwartet, und
sei es, dass alle Möwen Emma heißen …

01/1933/01/L.

PIPER

Stefan Beuse

Gebrauchsanweisung
für Hamburg

224 Seiten. Gebunden

Wer mit dem Auto nach Hamburg will und es nicht besser
weiß, fährt durch den Elbtunnel. Und zwar ganz langsam.
Weil's so schön ist ...
Am Ende des Tunnels jedenfalls, wartet eine ganz neue Welt
auf den Besucher. Eine Welt aus Wasser, Wind und
Barbourjacken, aus rotem Backstein und prunkvollen
Villen, aus Business-Tempeln und dem Geruch von Teer und
Fisch. Nach dem Elbtunnel sollten Sie sich anschnallen:
Vergessen Sie alles, was Sie je über Seefahrerromantik
gehört haben. Über die Reeperbahn nachts um halb eins.
Über die Beatles im Starclub. Über blaue Jungs und
Hamburger Deerns. Hamburg ist anders. Ganz anders. Und
Stefan Beuse weiß warum. Er wird Ihnen erklären, warum
es so schwer ist, den Aal in der berühmten Aalsuppe zu fin-
den, warum der Hamburger im Grunde seines Herzens
schon immer ein Brite gewesen ist und warum man sich die
schöne »Strandperle« nicht um den Hals hängen kann.

01/1011/03/R

PIPER

Bernd-Lutz Lange
Gebrauchsanweisung für Leipzig

192 Seiten. Gebunden

Bernd-Lutz Langes Bühnenprogramme und Erinnerungsbücher sind legendär. Jetzt zeigt er uns sein Leipzig, die Messemetropole mit ihrer Kunstszene, dem Thomanerchor und dem Gewandhaus, den Passagen und Märkten. Er blickt auf seine Stadt, in der die Menschen freiheitsliebend und liberal sind. Er flaniert zu Auerbachs Keller, durch das Barfußgässchen, die Ausgehmeile, und wundert sich wieder mal über den Bahnhof, der längst mehr Shoppingcenter als Knotenpunkt ist. Er fragt, was aus dem ehemals reichen Leipzig geworden ist und was aus dem jüdischen Leben in der Stadt. Wie viel von der Buchstadt übrig geblieben ist. Er streift durch das Umland mit Weißer Elster und Cospudener See und porträtiert seine Heimat als Paradies für Paddler und Pedalritter. Und als Symbol für Völkerschlacht und friedliche Revolution.

01/1764/01/L

PIPER

Jakob Hein

Gebrauchsanweisung für Berlin

192 Seiten. Gebunden

Man kann Berlin an seinem Duft erkennen! Und zwar jedes
einzelne Viertel. Glauben Sie nicht? Jakob Hein beweist es
Ihnen, denn er erkennt jeden Kiez an seinem Aroma. Mit allen
Sinnen führt er uns durch die Stadt, die es einmal zweimal
gab und die mehr als nur eine »Mitte« hat, denn für jeden Berliner ist sein Viertel das Zentrum der Welt. Für uns kostet
Jakob Hein Currywurst, Döner und Buletten, besucht die lite-
rarischen Klubs und die Kneipen des Szeneviertels Prenz-
lauer Berg. Er lauscht der Berliner Schnauze und wirft ein-
sichtsreiche Blicke über die Hecken der Wilmersdorfer
Laubenpieper und auf die rauchenden Grills im Tiergarten.
Das ist die Berliner Luft!

01/1710/02/R

PIPER

Jacques Berndorf
Gebrauchsanweisung für die Eifel

240 Seiten. Gebunden

»Eifel-Kreuz«, »Eifel-Blues«, »Eifel-Schnee«, »Mond über der Eifel«: in seinen Büchern mit Millionenauflage macht er die Eifel zum Tatort für Verbrecher. Jetzt stellt Jacques Berndorf uns die stille Schönheit im Westen mit seinen ganz persönlichen Lieblingsplätzen vor. Er nimmt uns mit in das uralte Bauernland mit Mittelgebirge und Torflandschaften, in Nationalparks, auf mittelalterliche Festungen und auf die Deutsche Vulkanstraße. In die älteste Stadt Deutschlands, nach Trier, nach Koblenz, Bad Münstereifel, Prüm, zu den Ordensbrüdern von Maria Laach und zum Eifel-Literaturfestival. In die Heimat von Bitburger, Apollinaris und Rucola, von Mario Adorf, Balthasar König – und vielleicht auch Karl dem Großen? Er führt uns zu den Maaren, diesen »Augen der Eifel«: Der Überlieferung nach sind sie Tränen, die Gott anlässlich der Schönheit der Schöpfung der Eifel weinte. Er zeigt uns eine Idylle mit Abgründen, eine Region mit Kultstatus, eine mystische Welt für sich.

01/1760/01/L

PIPER

Wolfgang Koydl

*Gebrauchsanweisung
für Deutschland*

176 Seiten. Gebunden

Seit Jahren blickt Wolfgang Koydl aus der Ferne auf Deutschland. Mit feiner Ironie lotet er die Untiefen der deutschen
Seele aus; er bietet unentbehrliche Tipps für den richtigen Umgang mit dieser eigentümlichen Nation von Bausparern,
ADAC-Mitgliedern und Schnäppchenjägern. Ob als Heimat
oder Reiseziel, für Einheimische oder Fremde – dieser Band
enträtselt urdeutsche Geheimnisse: die Ordnungsliebe und
den typisch deutschen Humor, die Dialekte, den Lokalpa-
triotismus und das scharfe »ß«, Karnevals-Prunksitzungen,
Verkehrsregeln und Paragrafenreiterei, die Fußgängerzonen mit ihrem nicht tot zu kriegenden Sommerschlussverkauf
und die deutsche Küche zwischen Döner Kebab und Sushi,
Toast Hawaii und handgekneteter sardischer Fischpaste.

01/1290/03/R